中外哲學典籍大全

總主編 李鐵映 王偉光

中國哲學典籍卷

經部易類

關氏易傳

〔北魏〕關朗 著

〔唐〕趙蕤 注

易數鈎隱圖

〔宋〕劉牧 著

删定易圖

〔宋〕李覯 著

劉嚴 點校

中國社会科学出版社

圖書在版編目（CIP）數據

闕氏易傳／（北魏）闕朗著；（唐）趙蕤注；劉嚴點校．易數鈎隱圖／（宋）劉牧著；劉嚴點校．刪定易圖／（宋）李覯著；劉嚴點校．—北京：中國社會科學出版社，2020.12（2024.11重印）
（中外哲學典籍大全．中國哲學典籍卷）
ISBN 978－7－5203－7377－7

Ⅰ.①闕…②易…③刪… Ⅱ.①闕…②劉…③李…④趙…⑤劉… Ⅲ.①《周易》—研究 Ⅳ.①B221.5

中國版本圖書館CIP數據核字（2020）第187045號

出 版 人 趙劍英
項目統籌 王 茵
責任編輯 孫 萍 李凱凱
責任校對 趙 威
責任印製 李寡寡

出 版 中国社会科学出版社
社 址 北京鼓樓西大街甲158號
郵 編 100720
網 址 http://www.csspw.cn
發 行 部 010－84083685
門 市 部 010－84029450
經 銷 新華書店及其他書店

印 刷 北京君昇印刷有限公司
裝 訂 廊坊市廣陽區廣增裝訂廠
版 次 2020年12月第1版
印 次 2024年11月第2次印刷

開 本 710×1000 1/16
印 張 13.5
字 數 141千字
定 價 49.00元

中外哲學典籍大全

中外哲學典籍大全

總序

中外哲學典籍大全的編纂，是一項既有時代價值又有歷史意義的重大工程。

中華民族經過了近一百八十年的艱苦奮鬥，迎來了中國近代以來最好的發展時期，迎來了奮力實現中華民族偉大復興的時期。中華民族衹有總結古今中外的一切思想成就，才能並肩世界歷史發展的大勢。爲此，我們須編纂一部匯集中外古今哲學典籍的經典集成，爲中華民族的偉大復興、爲人類命運共同體的建設、爲人類社會的進步，提供哲學思想的精粹。

哲學是思想的花朵，文明的靈魂，精神的王冠。一個國家、民族，要興旺發達，擁有光明的未來，就必須擁有精深的理論思維，擁有自己的哲學。哲學是推動社會變革和發展的理論力量，是激發人的精神砥石。哲學解放思維，净化心靈，照亮前行的道路。偉大的時代需要精邃的哲學。

一　哲學是智慧之學

哲學是什麽？這既是一個古老的問題，又是哲學永恒的話題。追問哲學是什麽，本身就是「哲學」問題。從哲學成爲思維的那一天起，哲學家們就在不停追問中發展、豐富哲學的篇章，給出一個又一個答案。每個時代的哲學家對這個問題都有自己的詮釋。哲學是什麽，是懸疑在人類智慧面前的永恒之問，這正是哲學之爲哲學的基本特點。

哲學是全部世界的觀念形態，精神本質。人類面臨的共同問題，是哲學研究的根本對象。本體論、認識論、世界觀、人生觀、價值觀、實踐論、方法論等，仍是哲學的基本問題和生命力所在！哲學研究的是世界萬物的根本性、本質性問題。人們可以給哲學做出許多具體定義，但我們可以嘗試用「遮詮」的方式描述哲學的一些特點，從而使人們加深對何爲哲學的認識。

哲學不是玄虛之觀。哲學來自人類實踐，關乎人生。哲學對現實存在的一切追根究底、「打破砂鍋問到底」。它不僅是問「是什麼」(being)，而且主要是追問「爲什麼」（why），特別是追問「爲什麼的爲什麼」。它關注整個宇宙，關注整個人類的命運，關注人生。它關心柴米油鹽醬醋茶和人的生命的關係，關心人工智能對人類社會的挑戰。哲學是對一切實踐經驗的理論升華，它關心具體現象背後的根據，關心人類如何會更好。

哲學是在根本層面上追問自然、社會和人本身，以徹底的態度反思已有的觀念和認識，從價值理想出發把握生活的目標和歷史的趨勢，展示了人類理性思維的高度，凝結了民族進步的智慧，寄託了人們熱愛光明、追求真善美的情懷。道不遠人，人能弘道。哲學是把握世界、洞悉未來的學問，是思想解放、自由的大門！

古希臘的哲學家們被稱爲「望天者」，亞里士多德在形而上學一书中說，「最初人們通過好奇—驚讚來做哲學」。如果說知識源於好奇的話，那麼產生哲學的好奇心，必須是大好奇心。這種「大好奇心」祇爲一件「大事因緣」而來，所謂大事，就是天地之間一切事物的「爲什麼」。哲學精神，是「家事、國事、天下事，事事要問」，是一種永遠追問的精神。

哲學不衹是思維。哲學將思維本身作爲自己的研究對象，對思想本身進行反思。哲學不是一般的知識體系，而是把知識概念作爲研究的對象，追問「什麽才是知識的真正來源和根據」。哲學的「非對象性」的思想方式，不是「純形式」的推論原則，而有其「非對象性」之對象。哲學之對象乃是不斷追求真理，是一個理論與實踐兼而有之的過程，是認識的精粹。哲學追求真理的過程本身就顯現了哲學的本質。天地之浩瀚，變化之奥妙，正是哲思的玄妙之處。

哲學不是宣示絶對性的教義教條，哲學反對一切形式的絶對。哲學解放束縛，意味著從一切思想教條中解放人類自身。哲學給了我們徹底反思過去的思想自由，給了我們深刻洞察未來的思想能力。哲學就是解放之學，是聖火和利劍。

哲學不是一般的知識。哲學追求「大智慧」。佛教講「轉識成智」，識與智相當於知識與哲學的關係。一般知識是依據於具體認識對象而來的、有所依有所待的「識」，而哲學則是超越於具體對象之上的「智」。

公元前六世紀，中國的老子說，「大方無隅，大器晚成，大音希聲，大象無形，道隱無名。夫唯道，善貸且成」。又說，「反者道之動，弱者道之用。天下萬物生於有，有生於無」。對道的追求就是對有之爲有、無形無名的探究，就是對天地何以如此的探究。這種追求，使得哲學具有了天地之大用，具有了超越有形有名之有限經驗的大智慧。這種大智慧、大用途，超越一切限制的籬笆，達到趨向無限的解放能力。

哲學不是經驗科學，但又與經驗有聯繫。哲學從其作爲學問誕生起，就包含於科學形態之中，是以科學形態出現的。哲學是以理性的方式、概念的方式、論证的方式來思考宇宙人生的根本問題。在亞里士多德那裏，凡是研究實體(ousia)的學問，都叫作「哲學」。而「第一實體」則是存在者中的「第一個」。研究第一實體的學問稱爲「神學」，也就是「形而上學」，這正是後世所謂「哲學」。一般意義上的科學正是從「哲學」最初的意義上贏得自己最原初的規定性的。哲學雖然不是經驗科學，却爲科學劃定了意義的範圍、指明了方向。哲學最後必定指向宇宙人生的根本問題，大科學家的工作在深層意義上總是具有哲學的意味，牛頓和愛因斯坦就是這樣的典範。

哲學不是自然科學，也不是文學藝術，但在自然科學的前頭，哲學的道路展現了；在文學藝術的山頂，哲學的天梯出現了。哲學不斷地激發人的探索和創造精神，使人在認識世界的過程中，不斷達到新境界，在改造世界中從必然王國到達自由王國。

哲學不斷從最根本的問題再次出發。哲學史在一定意義上就是不斷重構新的世界觀、認識人類自身的歷史。哲學的歷史呈現，正是對哲學的創造本性的最好説明。哲學史上每一位哲學家對根本問題的思考，都在爲哲學添加新思維、新向度，猶如爲天籟山上不斷增添一隻隻黃鸝翠鳥。

如果説哲學是哲學史的連續展現中所具有的統一性特徵，那麼這種「一」是在「多」個哲學的創造中實現的。如果説每一種哲學體系都追求一種體系性的「一」的話，那麼每種「一」的體系之間都存在着千絲相聯、多方組合的關係。這正是哲學史昭示於我們的哲學多樣性的意義。多樣性與統一性的依存關係，正是哲學尋求現象與本質、具體與普遍相統一的辯證之意義。

哲學的追求是人類精神的自然趨向，是精神自由的花朵。哲學是思想的自由，是自由的思想。

中國哲學，是中華民族五千年文明傳統中，最爲内在的、最爲深刻的、最爲持久的精神追求和價值觀表達。中國哲學已經化爲中國人的思維方式、生活態度、道德準則、人生追求、精神境界。中國人的科學技術、倫理道德，小家大國、中醫藥學、詩歌文學、繪畫書法、武術拳法、鄉規民俗，乃至日常生活也都浸潤着中國哲學的精神。華夏文化雖歷經磨難而能够透魄醒神，堅韌屹立，正是來自於中國哲學深邃的思維和創造力。

先秦時代，老子、孔子、莊子、孫子、韓非子等諸子之間的百家争鳴，就是哲學精神在中國的展現，是中國人思想解放的第一次大爆發。兩漢四百多年的思想和制度，是諸子百家思想在争鳴過程中大整合的結果。魏晋之際，玄學的發生，則是儒道冲破各自藩籬，彼此互動互補的結果，形成了儒家獨尊的態勢。隋唐三百年，佛教深入中國文化，又一次帶來了思想的大融合和大解放，禪宗的形成就是這一融合和解放的結果。兩宋三百多年，中國哲學迎來了第三次大解放。儒釋道三教之間的互潤互持日趨深入，朱熹的理學和陸象山的心學，就是這一思想潮流的哲學結晶。

與古希臘哲學强調沉思和理論建構不同，中國哲學的旨趣在於實踐人文關懷，它更關注實踐的義理性意義。中國哲學當中，知與行從未分離，中國哲學有着深厚的實踐觀點和生活觀點，倫理道德觀是中國人的貢獻。馬克思説，「全部社會生活在本質上是實踐的」，實踐的觀點、生活的觀點也正是馬克思主義認識論的基本觀點。這種哲學上的契合性，正是馬克思主義能够在中國扎根並不斷中國化的哲學原因。

「實事求是」是中國的一句古話。今天已成爲深邃的哲理，成爲中國人的思維方式和行爲基準。實事求是就是解放思想，解放思想就是實事求是。實事求是毛澤東思想的精髓，是改革開放的基石。只有解放思想才能實事求是。實事求是就是中國人始終堅持的哲學思想。實事求是就是依靠自己，走自己的道路，反對一切絶對觀念。所謂中國化就是一切從中國實際出發，一切理論必須符合中國實際。

二　哲學的多樣性

實踐是人的存在形式，是哲學之母。實踐是思維的動力、源泉、價值、標準。人們認識世界、探索規律的根本目的是改造世界，完善自己。哲學問題的提出和回答，都離不開實踐。馬克思有句名言：「哲學家們只是用不同的方式解釋世界，而問題在於改變世界！」理論只有成爲人的精神智慧，才能成爲改變世界的力量。

哲學關心人類命運。時代的哲學，必定關心時代的命運。對時代命運的關心就是對人類實踐和命運的關心。人在實踐中産生的一切都具有現實性。哲學的實踐性必定帶來哲學的現實性。哲學的現實性就是强調人在不斷回答實踐中各種問題時應該具有的態度。

哲學作爲一門科學是現實的。哲學是一門回答並解釋現實的學問，哲學是人們聯繫實際、面對現實的思想。可以説哲學是現實的最本質的理論，也是本質的最現實的理論。哲學始終追問現實的發展和變化。哲學存在於實踐中，也必定在現實中發展。哲學的現實性要求我們直面實踐本身。

哲學不是簡單跟在實踐後面，成爲當下實踐的「奴僕」，而是以特有的深邃方式，關注着實踐的發展，提升人的實踐水平，爲社會實踐提供理論支撑。從直接的、急功近利的要求出發來理解和從事哲學，無異於向哲學提出它本身不可能完成的任務。哲學是深沉的反思，厚重的智慧，事物的抽象，理論的把握。哲學是人類把握世界最深邃的理論思維。

哲學是立足人的學問，是人用於理解世界、把握世界、改造世界的智慧之學。「民之所好，好之，民之所惠，惠之。」哲學的目的是爲了人。用哲學理解外在的世界，理解人本身，也是爲了用哲學改造世界、改造人。哲學研究無禁區，無終無界，與宇宙同在，與人類同在。

存在是多樣的，發展是多樣的，這是客觀世界的必然。宇宙萬物本身是多樣的存在，多樣的變化。歷史表明，每一民族的文化都有其獨特的價值。文化的多樣性是自然律，是動力，是生命力。各民族文化之間的相互借鑑，補充浸染，共同推動著人類社會的發展和繁榮，這是規律。對象的多樣性、複雜性，決定了哲學的多樣性；即使對同一事物，人們也會産生不同的哲學認識，形成不同的哲學派别。哲學觀點、思潮、流派及其表現形式上的區别，來自於哲學的時代性、地域性和民族性的差异。世界哲學是不同民族的哲學的薈萃，如中國哲學、西方哲學、阿拉伯哲學等。多樣性構成了世界，百花齊放形成了花園。不同的民族會有不同風格的哲學。恰恰是哲學的民族性，使不同的哲學都可以在世界舞臺上演繹出各種「戲劇」。即使有類似的哲學觀點，在實踐中的表達和運用也會各有特色。

人類的實踐是多方面的，具有多樣性、發展性，大體可以分爲：改造自然界的實踐，改造人類社會的實踐，完善人本身的實踐，提升人的精神世界的精神活動。人是實踐中的人，實踐是人的生命的第一屬性。實踐的社會性决定了哲學的社會性，哲學不是脱離社會現實生活的某種遐想，而是社會現實生活的觀念形態，是文明進步的重要標誌，是人的發展水平的重要維度。哲學的發展狀况，反映着一個社會人的理性成熟程度，反映著這個社會的文明程度。

哲學史實質上是自然史、社會史、人的發展史和人類思維史的總結和概括。自然界是多樣的，社會是多樣的，人類思維是多樣的。所謂哲學的多樣性，就是哲學基本觀念、理論學説、方法的異同，是哲學思維方式上的多姿多彩。哲學的多樣性是哲學的常態，是哲學進步、發展和繁榮的標誌。哲學是人的哲學，哲學是人對事物的自覺，是人對外界和自我認識的學問，也是人把握世界和自我的學問。哲學的多樣性，是哲學的常態和必然，是哲學發展和繁榮的内在動力。一般是普遍性，特色也是普遍性。從單一性到多樣性，從簡單性到複雜性，是哲學思維的一大變革。用一種哲學話語和方法否定另一種哲學話語和方法，這本身就不是哲學的態度。

多樣性並不否定共同性、統一性、普遍性。物質和精神，存在和意識，一切事物都是在運動、變化中的，是哲學的基本問題，也是我們的基本哲學觀點！

當今的世界如此紛繁複雜，哲學多樣性就是世界多樣性的反映。哲學是以觀念形態表現出的現實世界。哲學的多樣性，就是文明多樣性和人類歷史發展多樣性的表達。多樣性是宇宙之道。

哲學的實踐性、多樣性，還體現在哲學的時代性上。哲學總是特定時代精神的精華，是一定歷史條件下人的反思活動的理論形態。在不同的時代，哲學具有不同的内容和形式，哲學的多樣性，也是歷史時代多樣性的表達。哲學的多樣性也會讓我們能够更科學地理解不同歷史時代，更爲内在地理解歷史發展的道理。多樣性是歷史之道。

哲學之所以能發揮解放思想的作用，在於它始終關注實踐，關注現實的發展；在於它始終關注著科學技術的進步。哲學本身没有絶對空間，没有自在的世界，只能是客觀世界的映象，觀念形態。没有了現實性，哲學就遠離人，就離開了存在。哲學的實踐性，説到底是在説明哲學本質上是人的哲學，是人的思維，是爲了人的科學！哲學的實踐性、多樣性告訴我們，哲學必須百花齊放、百家争鳴。哲學的發展首先要解放自己，解放哲學，就是實現思維、觀念及範式的變革。人類發展也必須多途並進，交流互鑒，共同繁榮。采百花之粉，才能釀天下之蜜。

三　哲學與當代中國

中國自古以來就有思辨的傳統，中國思想史上的百家争鳴就是哲學繁榮的史象。哲學是歷史發展的號角。中國思想文化的每一次大躍升，都是哲學解放的結果。中國古代賢哲的思想傳承至今，他們的智慧已浸入中國人的精神境界和生命情懷。

中國共産黨人歷來重視哲學，毛澤東在一九三八年，在抗日戰争最困難的條件下，在延安研究哲學，創作了實踐論和矛盾論，推動了中國革命的思想解放，成爲中國人民的精神力量。

中華民族的偉大復興必將迎來中國哲學的新發展。當代中國必須有自己的哲學，當代中國的哲學必須要從根本上講清楚中國道路的哲學道理。中華民族的偉大復興必須要有哲學的思維，必須要有不斷深入的反思。發展的道路，就是哲思的道路，文化的自信，就是哲學思維的自信。哲學是引領者，可謂永恒的「北斗」，哲學是時代的「火焰」，是時代最精緻最深刻的「光芒」。從社會變革的意義上説，任何一次巨大的社會變革，總是以理論思維爲先導。理論的變革，總是以思想觀念的空前解放爲前提，而「吹響」人類思想解放第一聲「號角」的，往往就是代表時代精神精華的哲學。社會實踐對於哲學的需求可謂「迫不及待」，因爲哲學總是「吹響」這個新時代的「號角」。「吹響」中國改革開放之

「號角」的，正是「解放思想」「實踐是檢驗真理的唯一標準」「不改革死路一條」等哲學觀念。「吹響」新時代「號角」的是「中國夢」，「人民對美好生活的向往，就是我們奮鬥的目標」。發展是人類社會永恒的動力，變革是社會解放的永遠的課題，思想解放，解放思想是無盡的哲思。中國正走在理論和實踐的雙重探索之路上，搞探索没有哲學不成！

中國哲學的新發展，必須反映中國與世界最新的實踐成果，必須反映科學的最新成果，必須具有走向未來的思想力量。今天的中國人所面臨的歷史時代，是史無前例的。十三億人齊步邁向現代化，這是怎樣的一幅歷史畫卷！是何等壯麗、令人震撼！不僅中國歷史上亘古未有，在世界歷史上也從未有過。當今中國需要的哲學，是結合天道、地理、人德的哲學，是整合古今中西的哲學，只有這樣的哲學才是中華民族偉大復興的哲學。

當今中國需要的哲學，必須是適合中國的哲學。無論古今中外，再好的東西，也需要再吸收，再消化，必須要經過現代化和中國化，才能成爲今天中國自己的哲學。哲學是解放人的，哲學自身的發展也是一次思想解放，也是人的一个思維升華、羽化的過程。中國人的思想解放，總是隨著歷史不斷進行的。歷史有多長，思想解放的道路就有多長；發展進步是永恒的，思想解放也是永無止境的，思想解放就是哲學的解放。

習近平説，思想工作就是「引導人們更加全面客觀地認識當代中國、看待外部世界」。這就需要我們確立一種「知己知彼」的知識態度和理論立場，而哲學則是對文明價值核心最精練和最集中的深邃性表達，有助於我們認識中國、認識世界。立足中國、認識中國，需要我們審視我們走過的道路，立足中國、認識世界，需要我們觀察和借鑒世界歷史上的不同文化。中國「獨特的文化傳統」、中國「獨特的歷史命運」、中國「獨特的基本國情」，「決定了我們必然要走適合自己特點的發展道路」。一切現實的，存在的社會制度，其形態都是具體的，都是特色的，都必須是符合本國實際的。抽象的制度，普世的制度是不存在的。同時，我們要全面客觀地「看待外部世界」。研究古今中外的哲學，是中國認識世界、認識人類史，認識自己未來發展的必修課。今天中國的發展不僅要讀中國書，還要讀世界書。不僅要學習自然科學、社會科學的經典，更要學習哲學的經典。當前，中國正走在實現「中國夢」的「長征」路上，這也正是一條思想不斷解放的道路！要回答中國的問題，解釋中國的發展，首先需要哲學思維本身的解放。哲學的發展，就是哲學的解放，這是由哲學的實踐性、時代性所決定的。哲學無禁區、無疆界。哲學是關乎宇宙之精神，是關乎人類之思想。哲學將與宇宙、人類同在。

四　哲學典籍

中外哲學典籍大全的編纂，是要讓中國人能研究中外哲學經典，吸收人類精神思想的精華；是要提升我們的思維，讓中國人的思想更加理性、更加科學、更加智慧。

中國有盛世修典的傳統。中國古代有多部典籍類書（如「永樂大典」「四庫全書」等），在新時代編纂中外哲學典籍大全，是我們的歷史使命，是民族復興的重大思想工程。

只有學習和借鑒人類精神思想的成就，才能實現我們自己的發展，走向未來。中外哲學典籍大全的編纂，就是在思維層面上，在智慧境界中，繼承自己的精神文明，學習世界優秀文化。這是我們的必修課。

不同文化之間的交流、合作和友誼，必須達到哲學層面上的相互認同和借鑒。哲學之間的對話和傾聽，才是從心到心的交流。中外哲學典籍大全的編纂，就是在搭建心心相通的橋樑。

我們編纂這套哲學典籍大全，一是中國哲學，整理中國歷史上的思想典籍，濃縮中國思想史上的精華；二是外國哲學，主要是西方哲學，吸收外來，借鑒人類發展的優秀哲學成果；三是馬克思主義哲學，展示馬克思主義哲學中國化的成就；四是中國近現代以來的哲學成果，特别是馬克思主義在中國的發展。

編纂這部典籍大全，是哲學界早有的心願，也是哲學界的一份奉獻。中外哲學典籍大全總結的是書本上的思想，是先哲們的思維，是前人的足迹。我們希望把它們奉獻給後來人，使他們能够站在前人肩膀上，站在歷史岸邊看待自己。

中外哲學典籍大全的編纂，是以「知以藏往」的方式實現「神以知來」；中外哲學典籍大全的編纂，是通過對中外哲學歷史的「原始反終」，從人類共同面臨的根本大問題出發，在哲學生生不息的道路上，綵繪出人類文明進步的盛德大業！

發展的中國，既是一個政治、經濟大國，也是一個文化大國，也必將是一個哲學大國、思想王國。人類的精神文明成果是不分國界的，哲學的邊界是實踐，實踐的永恒性是哲學的永續綫性，打開胸懷擁抱人類文明成就，是一個民族和國家自强自立，始終佇立於人類文明潮頭的根本條件。

擁抱世界，擁抱未來，走向復興，構建中國人的世界觀、人生觀、價值觀、方法論，這是中國人的視野、情懷，也是中國哲學家的願望！

李鐵映

二〇一八年八月

「中國哲學典籍卷」

序

中國古無「哲學」之名，但如近代的王國維所説，「哲學爲中國固有之學」。「哲學」的譯名出自日本啓蒙學者西周，他在一八七四年出版的百一新論中説：「將論明天道人道，兼立教法的philosophy譯名爲哲學。」自「哲學」譯名的成立，「philosophy」或「哲學」就已有了東西方文化交融互鑒的性質。

「philosophy」在古希臘文化中的本義是「愛智」，而「哲學」的「哲」在中國古經書中的字義就是「智」或「大智」。孔子在臨終時慨嘆而歌：「泰山壞乎！梁柱摧乎！哲人萎乎！」（史記孔子世家）「哲人」在中國古經書中釋爲「賢智之人」，而在「哲學」譯名輸入中國後即可稱爲「哲學家」。

哲學是智慧之學，是關於宇宙和人生之根本問題的學問。對此，中西或中外哲學是共同的，因而哲學具有世界人類文化的普遍性。但是，正如世界各民族文化既有世界的普遍性，也有民族的特殊性，所以世界各民族哲學也具有不同的風格和特色。如果説「哲學」是個「共名」或「類稱」，那麽世界各民族哲學就是此類中不同的「特例」。這是哲學的普遍性與多樣性的統一。

在中國哲學中，關於宇宙的根本道理稱爲「天道」，關於人生的根本道理稱爲「人道」，中國哲學的一個貫穿始終的核心問題就是「究天人之際」。一般説來，天人關係問題是中外哲學普遍探索的問題，而中國哲學的「究天人之際」具有自身的特點。

亞里士多德曾説：「古今來人們開始哲學探索，都應起於對自然萬物的驚異……這類學術研究的開始，都在人生的必需品以及使人快樂安適的種種事物幾乎全都獲得了以後。」「這些知識最先出現於人們開始有閒暇的地方。」這是説的古希臘哲學的一個特點，是與當時古希臘的社會歷史發展階段及其貴族階層的生活方式相聯繫的。與此不同，中國哲學是産生於士人在社會大變動中的憂患意識，爲了求得社會的治理和人生的安頓，他們大多「席不暇暖」地周遊列國，宣傳自己的社會主張。這就決定了中國哲學在「究天人之際」

中首重「知人」，在先秦「百家争鳴」中的各主要流派都是「務爲治者也，直所從言之異路，有省不省耳」（史記太史公自序）。

中國哲學與其他民族哲學所不同者，還在於中國數千年文化一直生生不息而未嘗中斷，中國文化在世界歷史的「軸心時期」所實現的哲學突破也是采取了極温和的方式。這主要表現在孔子的「祖述堯舜，憲章文武」，删述六經，對中國上古的文化既有連續性的繼承，又經編纂和詮釋而有哲學思想的突破。因此，由孔子及其後學所編纂和詮釋的上古經書就以「先王之政典」的形式不僅保存下來，而且在此後中國文化的發展中居於統率的地位。

據近期出土的文獻資料，先秦儒家在戰國時期已有對「六經」的排列，「六經」作爲一個著作群受到儒家的高度重視。至漢武帝「罷黜百家，表章六經」，遂使「六經」以及儒家的經學確立了由國家意識形態認可的統率地位。漢書藝文志著録圖書，爲首的是「六藝略」，其次是「諸子略」「詩賦略」「兵書略」「數術略」和「方技略」，這就體現了以「六經」統率諸子學和其他學術。這種圖書分類經幾次調整，到了隋書經籍志乃正式形成「經、史、子、集」的四部分類，此後保持穩定而延續至清。

中國傳統文化有「四部」的圖書分類，也有對「義理之學」「考據之學」「辭章之學」和「經世之學」等的劃分，其中「義理之學」雖然近於「哲學」但並不等同。中國傳統文化没有形成「哲學」以及近現代教育學科體制的分科，但是中國傳統文化確實固有其深邃的哲學思想，它表達了中華民族的世界觀、人生觀，體現了中華民族的思維方式、行爲準則，凝聚了中華民族最深沉、最持久的價值追求。

清代學者戴震説：「天人之道，經之大訓萃焉。」（原善卷上）經書和經學中講「天人之道」的「大訓」，就是中國傳統的哲學；不僅如此，在圖書分類的「子、史、集」中也有講「天人之道」的「大訓」，這些也是中國傳統的哲學。「究天人之際」的哲學主題是在中國文化上下幾千年的發展中，伴隨著歷史的進程而不斷深化、轉陳出新、持續探索的。

中國哲學首重「知人」，在天人關係中是以「知人」爲中心，以「安民」或「爲治」爲宗旨的。在記載中國上古文化的尚書皋陶謨中，就有了「知人則哲，能官人；安民則惠，黎民懷之」的表述。在論語中，「樊遲問仁，子曰：『愛人。』問知（智），子曰：『知人。』」（論語顔淵）「仁者愛人」是孔子思想中的最高道德範疇，其源頭可上溯到中國文化自上古以來就形成的崇尚道德的優秀傳統。孔子說：「未能事人，焉能事鬼？」「未知生，焉知死？」（論語先進）「務民之義，敬鬼神而遠之，可謂知矣。」（論語雍也）「智者知人」，在孔子的思想中雖然保留了對「天」和鬼神的敬畏，但他的主要關注點是現世的人生，是「仁者愛人」「天下有道」的價值取向，由此確立了中國哲學以「知人」爲中心的思想範式。西方現代哲學家雅斯貝爾斯在大哲學家一書中把蘇格拉底、佛陀、孔子和耶穌作爲「思想範式的創造者」，而孔子思想的特點就是「要在世間建立一種人道的秩序」，「在現世的可能性之中」，孔子「希望建立一個新世界」。

中國上古時期把「天」或「上帝」作爲最高的信仰對象，這種信仰也有其宗教的特殊性。如梁啓超所說：「各國之尊天者，常崇之於萬有之外，而中國則常納之於人事之中，此吾中華所特長也。……其尊天也，目的不在天國而在世界，受用不在未來（來世）而在現在（現世）。是故人倫亦稱天倫，人道亦稱天道。記曰：『善言天者必有驗於人。』此所以雖近於宗教，而與他國之宗教自殊科也。」由於中國上古文化所信仰的「天」不是存在於與人世生活相隔絶的「彼岸世界」，而是與地相聯繫（中庸所謂「郊社之禮，所以事上帝也」，朱熹中庸章句注：「郊，祀天；社，祭地。不言后土者，省文也。」），具有道德的、以民爲本的特點（尚書所謂「皇天無親，惟德是輔」，「天視自我民視，天聽自我民聽」，「民之所欲，天必從之」），所以這種特殊的宗教性也長期地影響著中國哲學對天人關係的認識。相傳「人更三聖，世經三古」的易經，其本爲卜筮之書，但經孔子「觀其德義而已」之後，則成爲講天人關係的哲理之書。四庫全书總目易類序說：「聖人覺世牖民，大抵因事以寓教……易則寓於卜筮。故易之爲書，推天道以明人事者也。」不僅易經是如此，而且以後中國哲學的普遍架構就是「推天道以明人事」。

春秋末期，與孔子同時而比他年長的老子，原創性地提出了「有物混成，先天地生」（老子二十五章），天地並非固有的，在天地産生之前有「道」存在，「道」是産生天地萬物的總根源和總根據。「道」內在於天地萬物之中就是「德」，「孔德之容，惟道是從」（老子二十一章），「道」與「德」是統一的。老子說：「道生之，德畜之，物形之，勢成之。是以萬物莫不尊道而貴德。道之尊，德之貴，夫莫之命而常自然。」（老子五十一章）老子的價值主張是「自然無爲」，而「自然無爲」的天道根據就是「道生之，德畜之……是以萬物莫不尊道而貴德」。老子所講的「德」實即相當於「性」，孔子所罕言的「性與天道」，在老子哲學中就是講「道」與「德」的形而上學。實際上，老子哲學確立了中國哲學「性與天道合一」的思想，而他從「道」與「德」推出「自然無爲」的價值主張，這就成爲以後中國哲學「推天道以明人事」普遍架構的一個典範。雅斯貝爾斯在大哲學家一書中把老子列入「原創性形而上學家」，他說：「從世界歷史來看，老子的偉大是同中國的精神結合在一起的。」他評價孔、老關係時說：「雖然兩位大師放眼於相反的方向，但他們實際上立足於同一基礎之上。兩者間的統一在中國的偉大人物身上則一再得到體現……」這裏所謂「中國的精神」「立足於同一基礎之上」，就是説孔子和老子的哲學都是爲了解決現實生活中的問題，都是「務爲治者也」。

在老子哲學之後，中庸說：「天命之謂性」，「思知人，不可以不知天」。孟子說：「盡其心者知其性也，知其性則知天矣。」（孟子盡心上）此後的中國哲學家雖然對天道和人性有不同的認識，但大抵都是講人性源於天道，知天是爲了知人。一直到宋明理學家講「天者理也」，「性即理也」，「性與天道合一存乎誠」。作爲宋明理學之開山著作的周敦頤太極圖説，是從「無極而太極」講起，至「形既生矣，神發知矣，五性感動而善惡分，萬事出矣」，這就是從天道講到人事，而其歸結爲「聖人定之以中正仁義而主静，立人極焉」，這就是從天道、人性推出人事應該如何，「立人極」就是要確立人事的價值準則。可以説，中國哲學的「推天道以明人事」最終指向的是人生的價值觀，這也就是要「爲天地立心，爲生民立命，爲往聖繼絶學，爲萬世開太平」。在作爲中國哲學主流的儒家哲學中，價值觀又是與道德修養的工夫論和道德境界相聯繫。因此，天人合一、真善合一、知行合一成爲中國哲學的主要特點。

中國哲學經歷了不同的歷史發展階段，從先秦時期的諸子百家争鳴，到漢代以後的儒家經學獨尊，而實際上是儒道互補，至魏晋玄學乃是儒道互補的一個結晶；在南北朝時期逐漸形成儒、釋、道三教鼎立，從印度傳來的佛教逐漸適應中國文化的生態環境，至隋唐時期完成中國化的過程而成爲中國文化的一個有機組成部分；宋明理學則是吸收了佛、道二教的思想因素，返而歸於「六經」，又創建了論語孟子大學中庸的「四書」體系，建構了以「理、氣、心、性」爲核心範疇的新儒學。因此，中國哲學不僅具有自身的特點，而且具有不同發展階段和不同學派思想内容的豐富性。

一八四〇年之後，中國面臨着「數千年未有之變局」，中國文化進入了近現代轉型的時期。在甲午戰敗之後的一八九五年，「哲學」的譯名出現在黄遵憲的日本國志和鄭觀應的盛世危言（十四卷本）中。此後，「哲學」以一個學科的形式，以哲學的「獨立之精神，自由之思想」推動了中華民族的思想解放和改革開放，中、外哲學會聚於中國，中、外哲學的交流互鑒使中國哲學的發展呈現出新的形態，馬克思主義哲學在與中國的歷史文化傳統、中國具體的革命和建設實踐相結合的過程中不斷中國化而産生新的理論成果。中華民族的偉大復興必將迎來中國哲學的新發展，在此之際，編纂中外哲學典籍大全，中國哲學典籍第一次與外國哲學典籍會聚於此大全中，這是中國盛世修典史上的一個首創，對於今後中國哲學的發展、對於中華民族的偉大復興具有重要的意義。

李存山

二〇一八年八月

「中國哲學典籍卷」

出版前言

社會的發展需要哲學智慧的指引。在中國浩如煙海的文獻中，哲學典籍占據著重要地位，指引著中華民族在歷史的浪潮中前行。這些凝練著古聖先賢智慧的哲學典籍，在新時代仍然熠熠生輝。

收入我社「中國哲學典籍卷」的書目，是最新整理成果的首次發布，按照内容和年代分爲以下幾類：先秦子書類、兩漢魏晋隋唐哲學類、佛道教哲學類、宋元明清哲學類、近現代哲學類、經部（易類、書類、禮類、春秋類、孝經類）等，其中以經學類占多數。本次整理皆選取各書存世的善本爲底本，制訂校勘記撰寫的基本原則以確保校勘品質。全套書采用繁體竪排加專名綫的古籍版式，嚴守古籍整理出版規範，並請相關領域專家多次審稿，整理者反復修訂完善，旨在匯集保存中國哲學典籍文獻，同時也爲古籍研究者和愛好者提供研習的文本。

文化自信是一個國家、一個民族發展中更基本、更深沉、更持久的力量。對中國哲學典籍進行整理出版，是文化創新的題中應有之義。中國社會科學出版社秉持「傳文明薪火，發時代先聲」的發展理念，歷來重視中華優秀傳統文化的研究和出版。「中國哲學典籍卷」樣稿已在二〇一八年世界哲學大會、二〇一九年北京國際書展等重要圖書會展亮相，贏得了與會學者的高度讚賞和期待。

點校者、審稿專家、編校人員等爲叢書的出版付出了大量的時間與精力，在此一並致謝。由於水準有限，書中難免有一些不當之處，敬請讀者批評指正。

趙劍英

二〇二〇年八月

關氏易傳

目録

易數鈎隱圖

删定易圖

關氏易傳

〔北魏〕關朗　著

〔唐〕趙蕤　注

本書點校説明

本次校點關氏易傳，以續修四庫全書影印的上海圖書館藏明范氏天一閣刻本爲底本，以學津討原本參校。

在整理中，凡有改動的地方均出説明。本書引用他書文字，凡屬原文，均加引號，摘引或復述大意，不用引號。

鑒於本人學識有限，整理校點難免有錯誤和不妥之處，希望讀者多加批評指正。

劉嚴

二〇一八年七月

傳

蓺非聖人，五十安知天命？然從事于易，雖亂離中，未嘗釋卷。蓋天命深微，莫研其極，而子明之傳，蓺粗通之。然恨此書，亡篇過半。今所得者，無能詮次，但隨文義解注，庶學者觸類而長，當自知之爾。

傳張晞河東先賢傳，與此傳文義略同。蓺爲此傳。蓋關氏門人弟子，紀師事蹟于易傳首，尊其道也。

關朗，字子明，河東解人也，有經濟大器。或以占筭〔一〕示人，而不求宦達。魏太和末，魏孝文帝年號，二十三年而崩。并州刺史王虬，虬，文中子王通之先。奏署子明爲記室。嘗謂子明曰：「足下今之英賢也，不可使天子不識。」因言于孝文帝。

〔一〕「筭」，學津本作「算」。范氏天一閣本中「筭」字，學津本均作「算」，下文出現此字，不復標識。

帝曰：「張彝、郭祚昔嘗言之，事見張太素魏書言之。朕以卜莛〔一〕之道，不足見爾。」虬曰：「此人言微道深，非彝、祚所能知也。」詔見。帝問老易，子明寄言玄宗〔二〕，實陳王道，諷帝以慈儉清靜爲本，而飾之以刑政禮樂。翌日，帝謂王虬曰：「卿誠知人，關朗管樂之器，豈占筭而已。」虬拜舞稱謝曰：「昔伊尹負鼎以干成湯，今關朗假占筭〔三〕而謁陛下，君臣感遇，故有所因。」自是使虬與子明著成疑筮論數十篇。即今易傳是也。

孝文帝崩。明年，虬卒。子明遂不仕，居臨汾山，在汾州。授門人春秋、老、易，號關先生學。虬長子彦，爲同州刺史，亦師焉。謂子明曰：「彦悲先君與先生志不就。」子明曰：「樂則行之，憂則違之，何悲乎？」

彦凡就子明占興亡治亂，言無不應。然必先人事，而後語卦。彦不能測，從容問曰：「先生每及興衰之際，必曰『用之以道，輔之以賢，未可量也』，無乃持二端乎？」

〔一〕「卜莛」，學津本作「占算」。
〔二〕「玄宗」，學津本作「元宗」。
〔三〕「占筭」，學津本作「占數」。

子明曰：「象生有定數，吉凶有前期，變而能通，則治亂有可易之理。君子之於易，動則觀其變而玩其占，問之而後行，考之而後舉，欲令天下順時而進，知難而退。此占筮所見重于前王也。故曰：『危者使平，易者使傾。』言易之變動而成功業也。善人少，惡人多。天陰陽半，人善惡混。然陽晝六時，晚昏〔一〕皆爲陰所侵，其用事惟四時而已。卦六爻，初上皆無正位，其用事四爻而已。四分善人，六分惡人，故曰〔二〕善人少，惡人多。以正前文也。暗主衆，明君寡。古今列辟，亦善少惡多。堯、舜禪代，曠世不逢。堯、舜善君〔三〕，所以禪也。伊、周復辟，近古亦絶。伊尹以太甲不善而放之，既善則復之。周公以成王不明則攝之，既明則歸之。其爲善亦均矣。此非運之不可變，化之不可行。蓋道攸世促，攸，長也。求才實難。或有臣而無君，或有君而無臣，故全之者鮮〔四〕矣。仲尼曰：『如有用我者，吾其爲東周乎』，此有臣無君也；章帝曰：『堯作大章，一夔足矣』，此有君無臣也。是以文武之業，遂淪于仲尼；禮樂之美，不行于章帝。治亂之漸，必有所由；興廢之成，終罕所遇，易曰：『功業見乎變』，此之謂也。變則通也。何謂無二端？」

〔一〕「晚昏」，學津本作「晓昏」。
〔二〕「曰」，學津本作「云」。
〔三〕「君」，學津本作「均」。
〔四〕「鮮」，學津本作「尠」。

彥曰：「周公定鼎於郟鄏，卜世三十，卜年八百，豈亦二端乎？」史傳並言七百，獨此言八百。蓋周以木德王天下，木生數三，成數八，故卜之三十世、八百年，必有術也。但聖人藏用，後人莫能知爾。以是明七百，傳之誤也。解在第十一篇。

子明曰：「聖人輔相天地，準繩陰陽，恢皇綱，立人極，修策迴馭，長羅遠羈，昭治亂于未然，筭成敗於無兆。故有不易之數，不定之期。假使庸王〔一〕守之，賊臣犯之，終不促已成之期於未衰之運。固曰：『周德雖衰，天命未改。』定鼎意也。聖人知明王、賢相，不可必遇；聖謀睿策，有時而弊。故考之以典禮，稽之以龜策，即人事以申天命，懸歷數以示〔二〕將來。或有以盛而更衰，或有過筭而不及。或卜得合盛而反衰者，或卜得過數而反不及者，此蓋人事已弊於典禮，天命不靈於龜策。是故聖人之法，所可貴也。言貴人事。向使明王繼及，良佐踵武，則當億萬斯年，與天無極，豈三十世、八百年而已哉！過筭餘年者，非先王之功，即桓、文之力也。過筭，謂卜世三十，而得三十七也；餘年，謂卜年八百，而得八百六十也。先王，謂文王、武王也；桓、文，謂齊、晉，合諸侯，朝王室。天意、人事，豈徒然哉？故曰：『龜策不出聖謀』，聖謀定將來之基，龜策告未然

〔一〕「庸王」，學津本作「庸主」。
〔二〕「示」，學津本作「承」。

之事，遁〔一〕相表裏，安有異同？」謂人謀、龜策，皆聖也，其用故同。

彥曰：「大哉，人謀！」

子明曰：「人謀，所以安天下也。夫天下，大器也。置之安地則安，置之危地則危。是以平路安車，狂夫審乎難覆；乘奔馭朽，童子知其必危。豈有周禮即行，歷數不延乎八百？秦法即立，宗祧能踰乎二世？噫！天命、人事，其同歸乎！」

彥曰：「先王〔二〕所刻治亂興廢，果何道也？」

子明曰：「文質迭用，勢運相乘。稽損益以驗其時，百代無隱；考龜策以研其慮，千載可知。未之思與〔三〕，夫何遠之有？」

彥蹶然驚起，因書策而藏之，退而學易，王氏易道，蓋宗關氏焉。文中子贊易有七卜篇，蓋家傳關氏學也。子明即卒，河東往往立祠祭之，所著文集行於世。

〔一〕「遁」，學津本作「遞」。

〔二〕「王」，學津本作「主」。

〔三〕「與」，學津本作「歟」。

卜百年義第一

同州刺史王彥問於關子，曰：「夫治亂損益，各以數至，苟推其道，百世可知。彥不佞，願假先生之筮，一以決之。」

關子曰：「占筭幽微，至誠一慮，多則有惑。請命蓍卦，以百年爲斷。」既而揲蓍布卦，得夬䷪之革䷰。自夬六變至既濟，凡二十四卦。夬九二化革六二，是二六十二，爲紀也。捨蓍而歎曰：「當今大運，不過二再傳爾。每一十二年爲一運。二再傳，二十四年。從今甲申，今爲所卜之年甲申，魏宣武正始元年也。二十四年戊申，天下當大亂。而禍始宮掖，革六二以柔居中，離女之變。有蕃臣柄政，世伏其强。外卦兌，九四居三陽之中，有乾君之象。蕃臣，外也。若用之以道，則桓、文之舉也。魏宣武正始元年甲申，至十二年乙未而崩。明帝立，跨十二年，戊申亦薨。此大運再傳也。蕃臣爾朱榮〔一〕，舉兵投〔二〕靈太后而專魏政。此世伏其强，禍始宮掖也。言用之以道者，二端之義。如不以道，臣主俱屠地也。」莊帝立三年，誅爾朱榮〔三〕，朱榮子復殺莊帝，俱屠地之應也。

彥曰：「其人安出？」

子曰：「參代〔四〕之墟，有異氣焉。若出，其在并之郊乎？」參、代〔五〕，并之分野。

彥曰：「此人不振，蒼生何屬？」

子曰：「當有二雄舉而中原分。」二雄，九五、九三兩爻。上下有民，故分也。高歡立魏靜帝，號東魏；宇文泰立魏文帝，號西魏。此二雄分中原之應也。

彥曰：「各能成乎？」

子曰：「我隙彼動，能無成乎？」內卦我也，外卦彼也。內卦九二，化爲六二，隙之象也。外卦九四舉三陽而決群〔六〕陰，是動之象也。東西魏有隙，高歡建齊，宇文泰建周，動而成之應也。若

〔一〕「爾」，學津本作「尒」。
〔二〕「投」，學津本作「殺」。
〔三〕「爾」，學津本作「尒」。
〔四〕「代」，學津本作「伐」。
〔五〕「代」，學津本作「伐」。
〔六〕「群」，學津本作「羣」。范氏天一閣本中「群」字，學津本均作「羣」，下文出現此字，不復標識。

無大賢扶之，恐皆不能成名。」不能建長夂〔一〕功名。

彥曰：「請刻其歲。」

子曰：「始於甲寅，卒於庚子，天之數也。」是時，天數轉至此，盡也。甲寅是魏分東西時也；庚子是後周威於隋時也〔二〕。然以卦言，夬之乾、兑，西北位也；變革之兑、離，乃轉南也；庚子，西北盡矣，故曰天之數。言夬決盡，則將有革命者也。離，南方之卦，而丙午應焉。義見下。

彥曰：「何國先亡？」

子曰：「不戰德而詐權，則舊者先亡。」革去故也，是以舊者不利。東魏，舊也，故先亡。

彥曰：「其後何如？」

子曰：「辛丑之歲，當有恭儉之主，起布衣而并六合。」革盡則變，亂窮則治，數窮則始，故必有布衣恭儉者出焉。易理然也。

彥曰：「其東南乎？」彥疑天數盡庚子，則地位起東南。恐東南有真主出，故問之也。

子曰：「必在西北。此以人事、易理然也。非執一端，故曰西北也。夫平大亂未可以文治，必須以武定。且北，用武

〔一〕「夂」，學津本作「久」。

〔二〕「威」，學津本作「滅」。

之國也。此言東南文弊，則西北武興。崆峒之人武。北主殺象也。且東南之俗，其弊也剽。剽，猶借竊浮淺也。江南六朝，文章剽淺，終之陳後主。江總浮靡放蕩，習以成俗，遂至亡國，故曰剽。西北之俗，其興也勃。勃然武怒之象。參代〔一〕異氣，應乎并州。其後，唐高祖起太原，平大亂，則武定之功也。況〔二〕東南，中國之舊主也。自晉東遷，未亡中國。中國之廢久矣，天之所廢，孰能興之。」宋而江南弱。而中國有後魏，都洛陽。是江南舊號已廢，而中國別有新主也。

彦曰：「東南之歲，可刻乎？」

子曰：「東南不出運曆三百。江南自吴孫權三分國，魏黄初元年〔三〕壬寅，至陳宣帝太康十三年辛丑，正三百年。是歲隋文帝受周禪，開皇元年也。然而陳宣帝次辛丑一年而崩，後主立七年國亡，皆出三百之外。蓋閏位餘氣也。言定三百者，以五行云也。大賢大聖，不可卒遇，能終其運，所幸多矣。陳無賢臣，幸延七年。且辛丑之歲，明王當興，定天下者，不出九載。己酉，江東其危乎？」隋開皇元年己酉，平陳，天下始一統。

彦曰：「明王既興，其道若何？」

子曰：「設斯人有始有卒，五帝三王之化復矣；若無三五之道，則必終之以驕，加

〔一〕「代」，學津本作「伐」。
〔二〕「況」，學津本作「又況」。
〔三〕「魏黄初元年」，學津本作「初黄武元年」。

之以亢，晚節末路，有桀、紂之主出焉，得天命者，必得人事。苟人事不脩其道，則天亦廢之矣。隋文帝雖混一天下，而任非賢才，不行三五之道，齪齪於驕亢之政，果煬帝篡立，復大亂焉。天下復亂。夫先王之道，墜地久矣。自漢後，霸國分列，而王道墜地。故日久矣。改張易調，其興實難。常主庸臣守之，所以難能改歸王道也。苛化虐政，其窮必酷。廢道浸久，極則必酷，□〔一〕之理也。故曰：大軍之後，必有凶年；廢耕故也。積亂之後，必有凶主。尚怯故也。理當然也。」人事當然。

彥曰：「先王之道，竟亡乎？」

子曰：「何謂能亡也？王道如天地，雖有弊虧之變，而不能無天地也。夫明主久曠，必有達者興焉。上無明主行其道，則下當有達者修其文，仲尼、文中子是也。而能行其典禮，此三才五常所由繫也。繫于達也〔二〕。孔子曰：『文不在茲乎？』此王道不能亡也。」關氏知王道久廢，當有聖人出焉。與文中子數〔三〕門人，興唐室。

彥曰：「請推其數。」

〔一〕「□」，學津本作「易」。
〔二〕「繫于達也」，學津本作「繫于達者也」。
〔三〕「數」，學津本作「教」。

子曰：「乾坤之策，陰陽之數，推而行之，不過三百六十六，成歲之數，三百六旬有六日也。引而伸之，不過三百八十四。演卦數也，三百八十四爻。終則有始，天之道也。此關氏占法，其精微未詳。噫！朗聞之，先聖與卦象相契，先聖，泛言古明王達者也。自魏以降，天下無眞主，僭亂相仍。故黃初元年庚子，至今八十四〔二〕載。魏黃初元年，至梁天監三年、後魏正始元年，歲次甲申。更八十二年丙午，陳後主至德二年、隋開皇六年也。三百六十六矣，當有達者生焉。應文中子生，是年文中子三歲矣。更十八年甲子，當有王者合焉。隋文帝仁壽四年也。文中子至長安謁文帝，帝不能用，亦應王者合也。用之則王道振，不用則洙泗之教脩〔三〕矣。」孔子退居洙泗之間脩王道。文中子不遇，亦然。

彥曰：「其人安出？」

子曰：「唐、晋之郊乎？亦取上文西北義也。昔殷後不王，宋，殷後也。而仲尼生周；周後不王，斯人生

〔二〕「八十四」，學津本作「二百八十四」。

〔三〕「脩」，學津本作「修」。

晉。生周者，周公之餘烈也。仲尼終周公之道。生晉者，陶唐之遺風乎。晉魏〔一〕之唐。天地之數，宜〔二〕契自然。」丙午繫乎天，唐、晉繫乎地。

彦曰：「此後何如？」

子曰：「始於甲申，止於甲子，仁壽四年，歲在丙子〔三〕。正百年矣。過此，未之或知也。」卜以百年爲斷，至是止也。

〔一〕「魏」，學津本作「謂」。
〔二〕「宜」，學津本作「冥」。
〔三〕「丙子」，學津本作「甲子」。

統言易義第二

乾、坤，易之門也。乾、坤毀，則無以見易。言易，必先述乾、坤也。故易變動乎乾、坤之中也。惟變動則名易。天動也，陽也，剛也，配地則變。有地則變天，故曰變。地静〔一〕也，陰也，柔也，順天而行。行亦變也。行而變，變而通，此所謂易。解易名。孔子曰：「動静有常，剛柔斷矣。方以類聚，物以群分，吉凶生矣。」言易始於動静，終於吉凶。反復明上文。聖人所以前知而行其道也。道不虚行，存乎其人。道謂理天下之道。是故天道曰陰陽，地道曰柔剛，人道曰仁義。行之則三，三才。變而通之則一，一，貫也。子曰：「百慮而一致」，此言三才、五常，叅〔二〕同而用也。用之於既往之謂變，用之於未來之謂占。關氏易占，極變而已。觀

〔一〕「静」，學津本作「靜」。范氏天一閣本中「静」字，學津本均作「靜」，下文出现此字，不復標識。

〔二〕「叅」，學津本作「参」。

其變，極其數，知其來，受命如響乾、坤之神。極數窮神，乃可言易。夫易，極乎神而已矣。未通神，則未知易。子曰：「蓍之德圓而神，卦之德方以知。神以知來，知以藏往」。關引繫辭展轉解釋。然則知之可及也，藏之不可及也。言知之非難，藏之難也。藏謂至賾深蘊，退密者也。非至聖、非神，孰能與於此。惟聖、神能藏其用也。

蓍以數，推卦以象告。蓍數於圓，卦定於方。數主乎動，圓而推之。象主乎靜。事定則吉。動言乎遠，故可以知來；遠知未來。靜言乎邇，故可以藏往。近晦無迹。往來之交，逆順之際，此吉凶所以前知也。交際謂變處也。變吉、變凶，易所以先知也。變化所以會合也，總群變以會乎一，則聖人乘之御大器，是謂天人合應也。惟乾、坤當之。數會乎上，象合乎下。數則天命，象則人事。天人相與，其深微哉。董仲舒曰：「天人相與之際，甚可畏也。」關氏極言深微，亦可畏也，慎之意也。

大衍義第三

「大衍之數五十，其用四十有九」，何謂也？

曰：天數兆於一，生於二，成於三，凡數不出乎三，此天、地〔一〕，自然而立也。三倍其究，亦此義也。圓物〔二〕圍三則徑一，以形言之也。律命呂應，不出三微，此以聲言之也。畫卦，一體不出三爻，此以易言之也。故易數大衍，卦一以象三，其歸一耳〔三〕。此天地人所以立也。衍於五，成於六，偶於十，此五行、六爻、十日，五行生數即五，成數即六也。偶位五位偶合，故十也。六爻成數也。初止無定位，故五爲尊位。十日爲〔四〕之，以甲、乙、丙、丁之類也。錯綜謂布筭因除，互相求數也。所以錯綜也。天一，數之兆也。水生天一，坎中爻是也。雖明其兆，未可以用也。地二，數之生也。火生地二，離中爻是。有生則滋，左傳曰：物生而後有象，象而後有滋，滋而後有數。義與此同，滋猶滋蔓也。

〔一〕「天、地」，學津本作「天、地、人」。
〔二〕「圓物」，學津本作「凡圓物」。
〔三〕「耳」，學津本作「揆」。
〔四〕「爲」，學津本作「名」。

乃可以推之也。（推策見數。）天三，數之極也。極乎終則及〔一〕乎始，兼兩之義也。（初應四，二應五，三應上，二體相應，故曰兼也。）子曰：「兼三才而兩之。」又曰：「六爻之動，三極之道也。」（以上文解繫辭。）五行：（具下文。）水生乎一，成乎六；（大玄準易，蓋法於此。）火生乎二，成乎七；木生乎三，成乎八；金生乎四，成乎九；土生乎五，成乎十。獨陽不生，獨陰不成。故天一必待地六而成之；地二必待天七而成之。（不言木、金、土者，省文。）其體雖五，而成必六。（體即五行也，而數六虛也。）六者非他，天地生成之謂也。（人在其中矣。）「天數五，地數五。」五者非他，三天〔二〕兩地之謂也。地二、天三，合而爲五。其二〔三〕不用者，六來則一去也，既成則無生也。（如水生一，至六則成。六則一不用，其所實用爲五矣。）有生於無，終必有始。（又廣言有無之理，終始之用，慮學者執一，故詳廣言之也。）既有，則無去矣。〔四〕（蘖謂〔五〕言如曉則夜去矣，老則壯去矣。觸類而明，無不然矣。）故大衍五十，其用四十有九者，入有去無之謂也。（重疊解，具下文。）

〔一〕「及」，學津本作「反」。

〔二〕「三天」，學津本作「参天」。

〔三〕「二」，學津本作「一」。

〔四〕案：「則無去矣」之后注文，學津本作「喻上文既成則無生也」。注文之後，學津本又多關朗之語：「既終，則始去矣」。

〔五〕「謂」，學津本作「泛」。

張彝問曰：「何謂『入有去無』？」

子曰（關子。）：「天生於陽，成於陰，陰成則陽去。（若一氣生於十一月，成於四月，爲正陽之月。然既成則無生，故必五日〔一〕。陰有則陽無去之也。）生〔二〕於陰，成於陽，陽成則陰去。（若一氣生於五月，成於十月，爲純陰之月。然十一月，陽既有矣，而陰無去之也。）六爻初上無位者，陰陽相去者也。天數以三兼二，（上兼下也。）地數以二兼三，（下兼上也。）奇耦雖分，錯綜各等。（奇耦分爲：一奇、二耦；三奇、四耦之類。分也。錯綜各等，謂上以三兼二，下以二兼三等，共五也。）五位皆十，衍之極也，（五行互爲頭輪之皆至十，極爲五十也。）故曰大衍。」（明小衍之則，止一而已矣。）

彝曰：「然則其用何謂四十有九，其一將不用乎？」

子曰：「物有兩大，（物喻萬事。）必曰虛盈。（此以日月言之，使門人易曉耳。）日往月來，（日行遲，月行速，當望則相盈，過望則相虛。雖日月同其右轉，然相望之際，則見日往西，月往東。）晝極則夜進。（此以天輪言之也，亦晝日、夜月之義也〔三〕。）盈於此則虛於彼，（又解物不兩大之義也。如相望之際，天輪晝時，則日盈於此，而月虛於彼矣。天輪夜時，則月盈於此，而日虛於彼矣。又如見日，則晝爲此，夜爲彼；見月，則夜爲此，日爲彼。）盈於小，必虛其大。（若月，大盡則三十一日，小盡則二十九日。一歲本剩六日，而減出六日爲閏月。）此用所以不窮也。（每一歲大之小之，出十二日；二

〔一〕「日」，學津本作「月」。
〔二〕「生」，學津本作「地生」。
〔三〕學津本無「也」字。

歲，出二十四日；三歲，成一月餘六日。故五歲再閏，循環無已也。故曰其用四十有九也。」言揲蓍，本意法象兩儀、三才、四時并閏。一歲，既餘其日。大衍不窮，其數十〔一〕一者，所以示其不窮也。

彝曰：「凡衍天地之數，五十有五。今云五十，而又去其一，何謂也？」彝執滯於蓍草一物爾，未能弘通萬類。故感而未諭〔二〕，又發問端也。

子曰：「蓍不止法天地而已，必以五行運於中焉。上文言五位，皆才〔三〕是也。大耦而言，則五十也；上文謂小衍，則十，蓋小耦爾；言大耦，則五十，是大衍也。今小奇而言，則五也。五無耦也。凡天地之數，五十有五，奇耦小大，具言之爾。若舉大而去小，盈奇而虛耦，則小奇之五，大耦之一，皆盈而不用。」小、大耦〔四〕共去其六也。六猶耦六月減六日也。

彝書而藏之。嘆曰：「吾乃知蓍可遺也。」神物，非謂蓍草一物而已，蓋聖人耳〔五〕。

〔一〕「十」，學津本作「去」。

〔二〕「諭」，學津本作「喻」。

〔三〕「才」，學津本作「十」。

〔四〕「耦」，學津本作「耦奇」。

〔五〕案：學津本無「耳」字，而後多注文：「取蓍揲之，以記其數。若今用算子，推成曆律者也。張彝得意忘象，得大衍忘蓍，故曰可遺也」。

乾坤之策義第四

「乾之策二百一十有六，坤之策百四十有四，何謂也？」曰：「陽爻九，一爻三十六策；陰爻六，一爻二十四策。三天兩地，舉生成而六之也。（自生至成，不出乎六。分陰分陽，故十二爲率。三其十二，爲乾策，二其十二，爲坤策。下文亦然。）三六而又二之，故三十六策，爲乾；二六而又二之，故二十四策，爲坤。三其二十四，與二其三十六，皆得七十二焉。三其七十二，則二百一十六，乾之策也；二其七十二，則百四十四，坤之策也。（三天兩地，轉相明也。）陰陽三五，（陽三、陰二，相參成五，故曰三五。）每一五而變七十二候，（七十二變其五也。）二五而變，三十六旬；（二五曰旬。）三五而變，二十四氣，（三五半月，曰爲氣。）凡三百六十五，周而復始。（日行三百六十五度，一周天。）日月軌度，積於餘分，（一度一軌。餘分，謂四分度之一也。六十[一]出六，三年一閏，多六日。以六五行，所以成閏。每一六以五行，成月也。兩其六五行，故五歲再閏。三百六十者，歲功之用也。舉六甲成數，實用三百六十。奇六者，虛一之義也。上篇大衍云：小奇之五，大耦之一。與此義同。夫生於一，成於六。一六相虛，三五爲用，自然之道也。一六互相虛位，則卦爻六位於初上，皆虛是也[二]。六者，舉成數而虛之者也。其實用惟三、惟五也。聖人立策衍數，必舉其三，伏羲始畫卦爲三爻。兩於六，文王兼三才而兩之，故六。行於五，五行布於六爻，初上必虛其一。合於十。兩其五行。推萬而變，無出乎此。」積筭倍蓰，雖萬變，不出此數也。

張彝問曰：「二篇之策，萬有一千五百二十，當萬物之數，豈亦三天兩地乎？」

子曰：「何謂不然？爻所以著象，策所以推數。象六、數五，三天、兩地。體[三]象，定位也；數變，推移也。先三十而六之，三天也。一百八十；又二而六之，兩地也。一十有二，合百九十二。故二篇共三百八十四爻。此解爻所以著象者也。陽爻六，一爻三十六策，六爻二百一十六策。先三之，百八十爻得六千四百八十策；又二之，十二爻得四百三十二策，共六千九百一十二策。陰爻六，一爻二十

[一]「十」，學津本作「不」。
[二]「則卦爻六位於初上，皆虛是也」，學津本作「則其實用惟五也，若卦爻六位於初上，皆虛是也」。
[三]「體」，學津本作「禮」。

四策，六爻百四十四策。先三之，一百八十爻得四千三百一十策；又二之，十二爻得二百八十八策，共四千六百有八策。是二篇合之，一萬一千五百二十，蓋舉盈數而溢之也。萬數象萬物，大畧〔一〕也。溢謂萬外有千百十一也。萬溢千，千溢百，百溢十，十溢一。此一、十、百、千、萬，蓋五之義也。二篇獨無一者，亦虛之義也。溢，過筭也，謂過虛也。凡過盈爲溢，不及盈爲虛。」上下轉相明也。

〔一〕「畧」，學津本作「略」。

盈虛義第五

張彝問曰：「何謂盈虛？」（疊上篇問事。）

子曰：「當期之數，過者謂之氣盈，不及者謂之朔虛。（六箇三十一日，是過；六箇二十九日，是不及。）故七十二爲經。（此所以立曆法也。）五之爲朞，（五箇七十二成歲。）五行六氣，推而運也。（包虛盈義。）七百二十爲起法，（倍從下文。）七千二百爲統法，七十二萬爲通法。氣朔之下，收分必全盡，爲率；七千二百萬，爲大率，謂之元紀，歲〔一〕、月、日、時，皆甲子。日月五行在子位之宿，當縮盈先後之中焉。」（漢太初九年冬至甲子朔，日月如合璧，五星如連珠。觀斯可以爲元紀也。是歲丁丑，差甲子者一十四年，此盈虛者也。）

〔一〕學津本「歲」前多「元紀者」三字。

闔闢義第六

「闔户謂之坤，闢户謂之乾；一闔二〔一〕闢謂之變，往來不窮謂之通，何也？」

曰：「坤，陰之母，無不容，在户爲闔；包容於内，皆闔義也。乾，陽之君，無不由，在户爲闢。由行於外，皆闢義也。闢往則闔來，闔往則闢來。此以户言之也。自外入内，開門爲往，閉門爲來也；自内出外，則閉門爲往，開門爲來。所以相變也。以氣言之爲啓、閉；以道言之爲離、合；以内外言之爲往、來。解上文往來不窮之意也。故卦有内外，人有出入。下體爲内卦，上體爲外卦，利用出入，以前民用。往來相交，内外相取，上下相刑，吉凶相分，君子小人相亨、相屯。君子亨則小人屯，小人亨則君子屯。此一闔一闢，相反而然也。闢變而闔，闔變而闢，往通則來，來通則往。故一闔一闢謂之變，往來不窮謂之通。凡言變，則不亨

〔一〕「二」，學津本作「一」。

矣。蓋易窮則變，闔久則開，開久則闔，通用常久之道焉。故變則通，通則久，此之謂也。天左旋，西視之來，東視之往。日、月右行，東視之來，西視之往。此以天、日明之。天氣下降，地氣上躋，上下往來，亦若東西之視。此文以上、下明之。卦乾來乎內，坤往乎外，君子闢，小人闔，此以人事明之。故名泰。反是名否。內爲主，外爲客。泰，內君子，外小人。否卦反是，言無主矣。作易者，其闢君子之道，而通小人之闔乎？故名以君子名其卦。若君子泰，則曰泰卦；若君子否，則曰否卦。終不以小人取其卦名也。吉來則凶往，有變則能通，故曰：『小往大來，吉，亨』。凡言往來，則上下、內外、出入、大小、吉凶，相反。皆同也。

物不可以終通，故受之以否。否。關氏因言變之義，故又以卦名相明之。物不可以終否，故受之以同人。同，即通也。凡不同即不通，此關氏因言變之義。夫同於物者，物亦同之，故吉。洪範言：龜從，筮從，卿士從，庶民從，皆是吉。異於衆者，衆亦異之，故凶。衆叛親離，蓋不通天下同人欲故也。君子同君子，而和小人，同謂不言而信，不期而會也。和謂恕其所不及，而使之必不傷和也。小人同小人，而和君子。小人苟合相黨，但懼彼君子之爲，故勉意事上。同似異，而必通；君子各任以所見，不待於外而後狥之也。故乍見之，似各異也。終久同歸乎道，故曰必通。和似同，而必異。君子和小人，蓋恕之也；小人和君子，蓋懼之也。其和則同，而恕之、懼之，必異也。易曰：『方以類聚，物以群〔一〕分，則吉凶生矣。』此言君子、小人，各以群

〔一〕「群」，學津本作「羣」。

類相吉凶也。」解上文吉凶相分。

張彝曰：「君子、小人，誠猶闔闢之義矣。然『聖人以此洗心，退藏於密，吉凶與民同患』，何謂也？」彝謂闢非闔也，君子非小人也。然則繫辭何以言吉凶與民同患乎？

子曰：「爾所謂，可與立，而未可與權乎。權者，變而合道者也。君子和小人，小人和君子，豈本性也？蓋接物而變己者也。物，事也。己，性也。君子之性，接小人之事，則上文『恕』之謂也；小人之性，接君子之事，則上文『懼』之謂也。恕下、懼上，而情所以和也。夫和天下，非權變安能通之，是以聖人洗心、藏密，蓋因權也。接物者，言接之而已，非同之也。故洗濯物心，無所瀆污，謂之洗心。洗濯萬物之心。變己者，言反之而已，非異之也。反我之情，從民之故，非異我之道也。故藏晦於密，無所間然，藏，謂用也。謂之退藏。民危者，平之；易者，傾之。無吉、無凶，同歸一致，此之謂與民同患。」易之道，無爲無思，百慮一致，所以一闔一闢，同乎一户也。

理性義第七

「『窮理盡性，以至於命』，何謂也？」

曰：「性命之理，以天言之曰陰陽；以地言之曰柔剛；以人言之曰仁義。蓋同乎一性也。（人命合天地，故謂之天命。）有生，有命；（天地大德曰生。人有生，有命。）有命，有性；（天命，曆數是也；人命，道德是也。曆數昌，則道德亨；曆數否，則道德塞。是以有命者亨之、塞之，不離乎仁義之道，此謂之有性也。性有五，仁義爲首，故易曰：『立人之道，曰仁與義』。蓋舉綱而言之，乾卦純陽，則四德五性具矣。是以體仁、和義、合禮、幹智是也。以信在其中矣。四德在天，而曆數有亨、有塞；五性在人，而運命有否、有泰。然而天人相契，則性命合矣。乾道變化，各正性命。此之謂也。）有性，有情。（一必有二，陽必有陰；静必有動，故性必有情。情者，二而不能一也，猶陰而不能陽也，動而不能静也。在我爲一，應物爲二。內明爲陽，外昏爲陰。情静、性動〔二〕，亦然也。）情者，天之邪氣，人之亂行也。（邪氣，水、旱、薄、蝕、妖、祥是也，此謂天命。亂行，僭竊、賊殺、恠力〔三〕是也，此之謂人命也。）邪勝正，亂勝治，則情勝性。（此小人命亨，君子命蹇。）去邪、

〔二〕「情静、性動」，學津本作「性静、情動」。

〔三〕「僭竊、賊殺、恠力」，學津本作「僭竊、賊殺、怪力」，

近〔二〕亂、制情，則元命立。元命者，天命、人命，合布〔三〕爲名者也。易有元命也。元者，衆性之長，群陽之尊，天人之理也。解上文乾之四德。天元則人仁，天亨則人禮，天和〔三〕則人義，天貞則人知、信。其理同矣。窮極此二者，則知生死之説，性命之理得矣。」二者謂天命、人命也。

張彝問曰：「夫子之言性、命，則然也。何謂有亨、有塞？」彝未省上文所言時、命、否、泰。

子曰：「亨之，塞之，遇〔四〕其時。時也者，繫乎君天下者也。君天下，得君子之道，則時亨矣；得小人之道，則時塞也。若否、泰二卦，以君子小人定其時也。然而，君子亨，則時治命也；小人亨，則時亂命也。時命一而已矣。天命歸善，則人命遇亨，君子得行其道；若天命歸惡，則人命遇塞，小人得行其道。二者皆屬乎命也。聖人知命適時，必先天理，故曰『窮理』也；聖人順天立性，故曰『盡性』也。時行則行，時止則止，故曰『以至於命』。有亨，有塞。時行，亨也；時止，塞也。今小人多，君子少，吾安敢言命。」子罕言命者，蓋亦時亂，小人多，故難言之也。惟君子能知命，是則卦以存否、泰二時，蓋爲君子設也，明矣！

〔二〕「近」，學津本作「禁」。

〔三〕「布」，學津本作「而」。

〔三〕「和」，學津本作「利」。

〔四〕學津本「遇」前有「適」字。

時變義第八

卦以存時，爻以示變，時繫乎天，變由乎人。王弼曰：「以爻爲人，以位爲時」。今關氏義同。蕤謂：天人和〔一〕須，不可異也。卦以爻成，時以變生，雖云天時、人事，及其變，則合會一也。晝動，六時也；夜靜，六時也。動則變，靜則息。息極則變，變極則息。故動靜交養，晝夜之道也。晝、夜，時相變也。

乾、坤分晝、夜，時也。晝六時，屬陽，故曰乾也；夜六時，屬陰，故曰坤也。屯、濟，時變之際也。時未定曰屯，時已定曰既濟〔二〕。故乾、坤分時，屯、濟交變也。六六之用，其時變之周流也。易曰：「變動不居，周流六虛。」蓋亦六時之義。是以六十卦，循環相生。極則變，變以久，不可禦也。易曰：「易：窮則變，變則通，通則久。」又曰：「言乎遠，則不禦」。禦，阻也。四卦時之門户，變則開闔也。乾、坤分時，如門户不移易矣。屯、濟示變，如門户開闔，始終相及也。

〔一〕「和」，學津本作「相」。

〔二〕「時未定曰屯，時已定曰既濟」，學津本作「時未動曰屯，時已靜曰既濟」。

故三百六十變，一歲之晝〔一〕也。三百六十爻。除四卦爲門户開闔，其用惟六十卦而已，上文周流六虚是也。作易者，乘時效變之謂乎？仲尼序卦相生，雜卦旁行不流。序卦六十循環，成歲功之序也；雜卦旁行一端，不復周流矣。相生，晝也；不流，夜也。重疊解上文：晝動故相生，夜静故不流。有以知，相生者動，不流者静，而〔二〕不禦矣。時變之義，如此而已。謂晝夜如此，六六而變之。

〔一〕「晝」，學津本作「晝夜」。

〔二〕「而」，學津本作「遠而」。

動靜義第九

張彝問動靜之象。

子曰：「天地者也，動象天，靜象地。天常動，地常靜。常動，柔克者也；常靜，剛克者也。故曰『動靜有常，剛柔斷矣』。」天陽能柔，爲常道也；陰〔一〕而能剛，爲常道。常者，剛柔得人也〔二〕。

子曰：「噫！了未知易矣。天地之道，無立人之事，安足爲易哉？易行乎天地之中者，人也。人參天地爲才，天地有儀象而已，有人才故曰三才。俲天地爲爻，爻爲人。爻，俲也。虛其位，實其用，六位爻，則謂之六虛。六爻之用，同乎一實而已。三才相參，六爻相俲。位無定處，用有藏密。吉凶前知，非至神孰能與於此。聖人與天地合德，則曰

〔一〕「陰」，學津本作「地陰」。

〔二〕「剛柔得人也」，學津本作「剛柔得中之謂也」。

三才。聖人作而萬物覩，則曰六爻者，傚天下之動也。聖人或出、或處，用則行，舍則藏，故曰無定處，有藏密也。萬物化，聖人者也。故物不能自神，蓋神之者，人也。」凡萬物有靈異者，若人不貴之，則不靈不神也。此展轉詳言，以曉彝。

張彝曰：「聖人通神，則聞命矣。滔滔天下，豈盡通神哉？」

子曰：「人皆天地之靈，五行之秀也。靈全秀淳，則爲君子；靈秀不具，則爲小人。千人一靈，萬人一秀。千萬人，始有一靈秀者，言君子少也。故曰：『君子之道，鮮矣。』然鼓之、舞之，盡在其神焉。浩浩元氣，鼓舞生人。無君子、小人，皆有神也。是故，神者，仁見爲仁，智見爲智，小人亦有智。君子見爲君子，小人見爲小人。殊塗同歸，寂然不動。此聖人之作易，所以舉君子禦小人。約以存博，寡以治衆，是謂神德行也。陽卦多陰，陰卦多陽。陽一君而二民，此君子之道；陰二君而一民，小人之道。皆本於陰陽。不期然而然者，神也。繫辭云：『陰陽不測之謂神』。德行常簡易者，無他道也。滔滔天下，通乎神而已矣。〔一〕此所以神無方，易無中之謂也。至剛，非常道也；至柔，非常道也。道在剛柔間，則動靜不失中矣。動靜亦然，至動必多憂，至靜必多疑，

〔一〕案：「子曰：噫！了未知易矣」至「滔滔天下，通乎神而已矣」及其注，學津本無。

不憂不疑，其惟有常乎？至常忘機，至寧忘樂，斯動靜之中也。中，常也。聖人有六動，動不失乎時中。卦六爻，曰六時。人動乎其中，靜乎其中，不可過，不可不及，故曰時中也。中也者，易之六用，動靜之適也。書之皇極，禮之中庸，氣之太一，人之太〔一〕寧，皆動靜有常之謂也。易道無不包，詩、書、禮、樂，俱在其中矣。非知至至之，安能適其中哉？可以至則至之，是中也。乾卦曰：『知至至之，可與幾也。』知至則知幾，知幾則知動。幾者，動之微。知動則知神，知幾，其神乎。知神則知靜矣。」神不行而至，不疾而速，是歸於靜也。老子曰：「萬物芸芸，各歸其根，歸根曰靜，靜曰復命」。此義合也。

〔一〕「太」，學津本作「泰」。

神義第十

張彝問曰：「何謂神？」

子曰：「神也者，易之靈也。靈應冥契，不思而得，强名曰神。猶言神靈肹饗，靈應無迹者也。日月之明在乎天，而所明在地也。若空中無物，不見明也。明〔一〕及於地，則物顯其光也。易之神在乎道，而所神在人也。故曰：『神而明之，存乎其人』；又曰：『苟非其人，道不虛行』。聖人以神道設教。神無方，道無迹，人無至，」無方見繫辭；無迹見老子；無至見文中子。其幾一也。斯可以議易矣。

〔一〕「明」，學津本作「若明」。

張彝曰：「然則天地至神，必待人而存乎！」彝言天地自有神，何存於體，滔滔一也〔二〕。

〔二〕「何存於體，滔滔一也」，學津本作「何存於人也」。案：學津本中張彝言後，關朗有回應：「子曰：噫！子未知易矣。天地之道，無立人之事，安足爲易哉？易行乎天地之中者，人也。人參天地爲才，天地有儀象而已，有人才故曰三才。倣天地爲爻，爻爲人。爻，倣也。虛其位，實其用，六位爻，則謂之六虛。六爻之用，同乎一實而已。三才相參，六爻相倣。位無定處，用有藏密。吉凶前知，非至神孰能與於此。聖人與天地合德，則曰三才。聖人作而萬物覩，則曰六爻者，倣天下之動也。聖人或出、或處，用則行，舍則藏，故曰無定處，有藏密也。萬物化，聖人者也。故物不能自神，蓋神之者，人也。凡萬物有靈異者，若人不貴之，則不靈不神也。此展轉詳言，以曉彝。張彝曰：聖人通神，則聞命矣。滔滔天下，豈盡通神哉？子曰：人皆天地之靈，五行之秀也。靈全秀淳，則爲君子；靈秀不具，則爲小人。千人一靈，萬人一秀。千萬人，始有一靈秀者，言君子少也。故曰：君子之道，鮮矣。然鼓之、舞之，盡在其神焉。浩浩元氣，鼓舞生人。無君子、小人，皆有神也。是故神者，仁見爲仁；智見爲智；小人亦有智。君子見爲君子，小人見爲小人。殊途同歸，寂然不動。此聖人之作易，所以舉君子，禦小人。約以存博，寡以治衆，是謂神德行也。陽卦多陰，陰卦多陽。陽一君而二民，此君子之道；陰二君而一民，小人之道。皆本於陰陽。不期然而然者，神也。繫辭云：陰陽不測之謂神。德行常簡易者，無他道也。滔滔天下，通乎神而已矣。此所以神無方，易無中之謂也，滔滔一也。」

雜義第十一

六爻相雜，惟其時、物也。君子用時，小人用物，易道備矣。相雜，謂君子、小人，同乎一卦。用時者，謂適時之變，則用無不利；用物者，謂物物適情，雖微〔一〕時，必變。天地萬物，賢愚雖殊，而無出易者矣。故曰備。屯六變而比，比六變而同人，同人六變而蠱，蠱六變而剥，剥六變而大過，大過六變而遯，遯六變而睽，睽六變而夬，夬六變而井，井六變而漸，漸六變而兑，兑六變而既濟，終焉。今易並至未濟終焉，而關氏此則以既濟爲終者，蓋未濟者，人屯之首也。天地不交，坎、離不接，是未濟也。天地始交，雲雷相遇，然後有屯也。文王、仲尼終之以未濟者，時可知戾〔二〕。然終焉二字，疑非仲尼之辭，蓋後人傳之誤也。夫既者，盡也；盡濟，則終焉。此義爲得也。六六而變，未詳。

天地之氣，相摩而鳴，相擊而形。凡鳴者，皆氣相摩擊也。形謂形于外也。人之動者，鳴乎言，形乎文。得其道則

〔一〕「微」，學津本作「違」。
〔二〕「戾」，學津本作「矣」。

吉，失其理則凶。言成文曰辭，故曰：「辨吉凶者，存乎辭」。爻有險易，辭各言其所之也。乾、坤，以卦之主也。六卦用，則乾、坤何爲乎？八卦，其致用惟六耳。故堯、舜垂衣裳而天下治，六官用，我無爲矣。此解堯、舜取諸乾、坤。小過，一時之用也；大過，一世之用也。此所以明分小大之義也。若杵臼者，一時之用而已，榖不常在臼也；棟梁爲一世所居，不可撓也。豫者，備也〔一〕。物備不憂乎用，事備不憂乎理。不憂則樂可知也，故豫，樂也。人事猶知，則能理也。屯，萬物生也。物生，無不屯者也。動物胎卵，植物勾屈。其物初生時，無不屯難也。事成，無不由難〔二〕者也。不艱難而能成者，非功也。蓋已成而人不知其理也。需，須也。人之所須，莫大乎飲食，故需，養也。飲食，人之大欲。小畜，二〔三〕卦之體，當小過一爻之義也。小畜繫辭云：「密雲不雨，自我西郊」。小過五六〔四〕爻云：「密雲不雨，自我西郊。公弋，取彼在穴。」是義同小畜一卦。然則小之，一也，畜過，異時焉。時可畜過。他皆倣此。臨，大也。所臨大，則天下之民尊，無不尊，至大也，此眞主統一天下之卦。故曰：「至臨」，

〔一〕「豫者，備也」，學津本作「豫，備者也」。
〔二〕「難」，學津本作「艱難」。
〔三〕「二」，學津本作「一」。
〔四〕「五六」，學津本作「六五」。

言無不至也。道無不至，則世無不尊。始盛者，由衰而益者也；始衰者，由盛而損者也。如貧賤者，得百金之資，九品之禄，則自爲盛也。蓋衰中得益者也。富貴者，減萬金之資，降一品之禄，則自爲衰也。蓋盛中得損者也。勢相形耳。故損益，盛衰之始也。言富貴貧賤，才衰方盛，便覺其分別，由人心自然也。聖人以此施之於典禮，推之於時運，必使濟其衰，戒其盛，行乎易中矣。易曰：「危者使平」，濟衰也；「易者使傾」，戒盛也。卦爻二五居中，少悔吝。故禮爲皇極之門也，無不由門而出也。殷因於夏禮，所損益可知也。周因於商禮，所損益可知也。夏人尚忠，至忠則少敬。故殷人尚敬，蓋政弊則救之也。運衰，則盛之至也。至敬則不文，故周人尚文，亦救殷政之弊也。夫文者，和之也。和者太過，則蕩；不及，則局促。是以循環相救者，禮也。三十年爲世，百世，三千年也。此言三王與禮，則時運可以推也。故夏以金德，垂四百餘年。殷以水德，垂六百餘年。周以木德，垂八百餘年。得其道也，數不能逃。金生數四，成九；水生一，成六；木生三，成八。夏得生數，殷、周得成數。故四百、六百、八百年，不能逃其數。所以然者，禮得其時也。後王不能應其數者，禮不行乎易中者也。繫辭謂，行乎典禮者，蓋明相因相益之道也。後王若漢、晋而下，雖成正統，而不及三代之末者，蓋不行乎典禮，如三代之純懿者也。故以言之。

蒙，昧者，厥道求乎明。暗者求明，昧者求賢。明夷，亦昧也，非不明，蓋傷之爾。名皆昧，而實不同。咸，天地之交也；恒，天地之久也。人不交，不久。故咸、恒，人道之統也，凡人相交，得其道，則久而不開；交不以道，非交也，故不久。下經以咸、恒爲首者，所以統其道也。天地之功〔一〕者也。交脩厥道，久乃成功。鼎，變新也，變無不動。動則觀其變之謂也。震，動也，動無不止。形躁好靜。艮，止也，止無不漸。漸，進也。萬物無不有漸。漸，其聖人之進乎。漸進，如四時，無暴寒遽熱也。古者無爲而治，百姓日用而不知，其漸之然乎。民可使由之，不可使知之，蓋得漸之道也。

兑，見也，以其陰柔外形乎？巽，伏也，以其陰柔内蘊乎？兑，陰爻在上，是形于外；巽，陰爻在下，是蘊于內。人悦必以形容，巽必以蘊蓄，陰陽之常理也。無妄而災者，災也；有妄而災者，則其所宜，非災之也。明乎外物者〔二〕自暌，故曰：暌，外也。離上，明外也。凡人外能明白，則無苟合，故曰暌也。明白〔三〕内者，家自齊，故曰：家人，内也。離下，明内也。凡人内能明白〔四〕，則無亂行。君子泰，則小人否；小人泰，則君子否。故曰「反其類也」。君子以君子爲類，小人以小人爲類。否泰相反。履之而不處，其周公歟？需之而不進，其仲尼歟？此解繫辭履卦，因人事明之也。周公攝政而不處也；仲尼所順行其道也，道既不行，則反魯著書，有待而不進也。不處、不進，其時乎？不處者，以其時有主也；不進者，以其時無道也。

〔一〕「天地之功」，學津本作「成天地之功」。

〔二〕「外物者」，學津本作「外者物」。

〔三〕「白」，學津本作「乎」。

〔四〕「白」，學津本作「自」。

易數鈎隱圖

〔宋〕劉牧　著

本書點校説明

易數鈎隱圖現存版本狀況如下：

一，明影抄宋刻本（日本静嘉堂）

二，道藏本（正統刻、民國影印）

三，通志堂經解本（康熙刻、同治刻、日本文化科）

四，四庫全書薈要本（乾隆刻）

五，四庫全書本（乾隆刻）

明影抄宋刻本在日本，未能看到。通志堂本、四庫本均源自道藏本。故本次點校以道藏本爲底本，參校了通志堂本。道藏本中易數鈎隱圖三卷，並附有遺論九事，今亦仍之。另書中之易圖，因道藏本多漫漶不清，故改用通志堂本，兩本易圖内容並無差異。

本書涉及周易正義、尚書正義相關内容，分别參校以清嘉慶二十年南昌府學重刊宋本、民國二十四年傅氏藏園珂羅版印宋刻遞修本周易正義；南宋初兩浙東路茶鹽司刻本尚書正義。在整理中，凡改動的地方均出説明。本書引用他書文字，凡屬原文，均加引號；摘引或復述大意，不用引號；引用原文又與原文有出入較多者，腳注中録入校本中相應文字，以便參考。

鑒於本人學識有限，整理校點難免有錯誤和不妥之處，希望讀者多加批評指正。

劉嚴

二〇一八年七月

易數鈎隱圖序

夫易者，陰陽氣交之謂也。若夫陰陽未交，則四象未立；八卦未分，則萬物安從而生哉？是故兩儀變易而生四象，四象變易而生八卦，重卦六十四卦，於是乎天下之能事畢矣。夫卦者，聖人設之，觀於象也。象者，形上之應。原其本，則形由象生，象由數設；捨其數，則無以見四象所由之宗矣。是故仲尼之讚易也，必舉天地之極數，以明成變化而行鬼神之道。則知易之爲書，必極數以知其本也。詳夫注疏之家，至於分經析義，妙盡精研，及乎解釋天地錯綜之數，則語惟簡略，與繫辭不偶，所以學者難曉其義也。今採摭天地奇偶之數，自太極生兩儀而下，至於復卦，凡五十五位，點之成圖。於逐圖下，各釋其義，庶覽之者易曉耳。夫易道淵邈，雖往哲難窺於至賾。牧也，蕞生祖述，誠媿其狂簡，然則象有定位，變有定數，不能妄爲之穿鑿耳。博雅君子，試爲詳焉。

卷上

太極第一

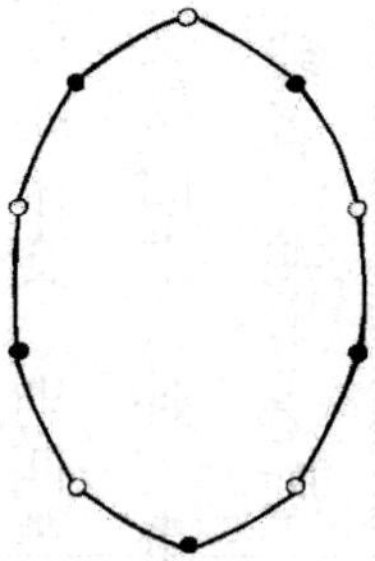

太極無數與象，今以二儀之氣，混而爲一以畫之，蓋欲明二儀所從而生也。

太極生兩儀第二

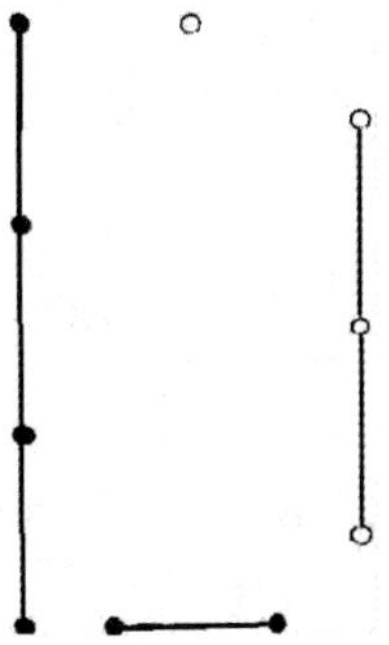

經曰：「易有太極，是生兩儀。」太極者，一氣也。天地未分之前，元氣混而爲一。一氣所判，是曰兩儀。

易不云乎天地，而云兩儀者，何也？蓋以兩儀，則二氣始分；天地，則形象斯著。以其始分兩體之儀，故謂之兩儀也。何以明其然？略試論之：夫氣之上者輕清，氣之下者重濁。輕清而圓者，天之象也；重濁而方者，地之象也。茲乃上下未交之時，但分其儀象耳。若二氣交，則天一下而生水，地二上而生火，此則形之始也。五行既備，而生動植焉。所謂在天成象，在地成形也。則知兩儀乃天地之象，天地乃兩儀之體爾。今畫天左旋者，取天一、天三之位也。畫地右動者，取地二、地四之位也。分而各其處者，蓋明上下未交之象也。

天五第三

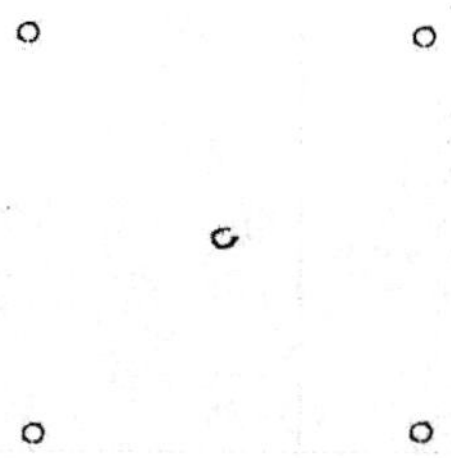

天一、地二、天三、地四，此四象生數也。至於天五，則居中而主乎變化，不知何物也。强名曰「中和之氣」，不知所以然而然也。交接乎天地之氣，成就乎五行之質，彌綸錯綜，無所不周。三才之道既備，退藏於密，寂然無事，兹所謂陰陽不測之謂神者也。經雖云：「四象生八卦」，然須三五之變易，備七、八、九、六之成數，而後能生八卦，而定位矣。

天地數十有五第四

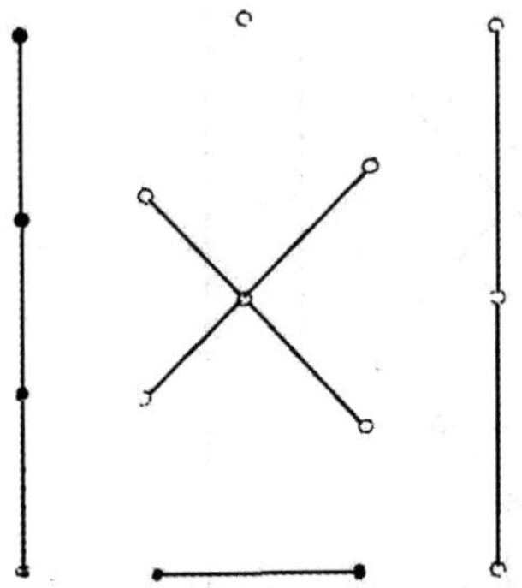

或問曰：「天地之數，何以由天五而生變化？」答曰：「天地之生數足，所以生變化也。天地之數十有五，自天一至天五，凡十五數也。天一、天三、天五，成九，此陽之數也，故乾元用九；地二、地四，成六，此陰之數也，故坤元用六。兼五行之成數四十，合而爲五十有五，備天地之極數也，所以能成變化而行鬼神。」

天一下生地六第五

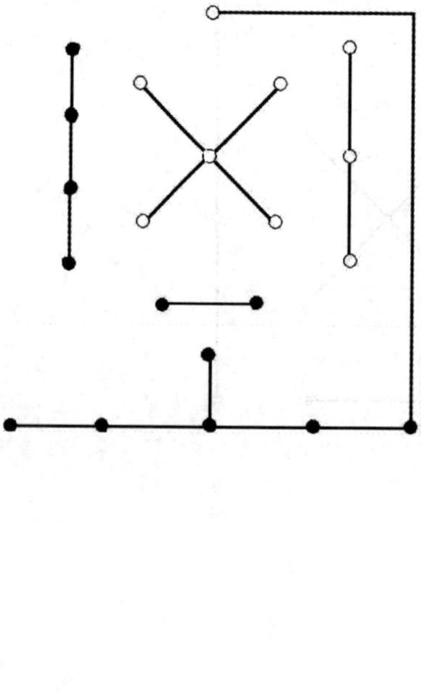

地二上升天七第六

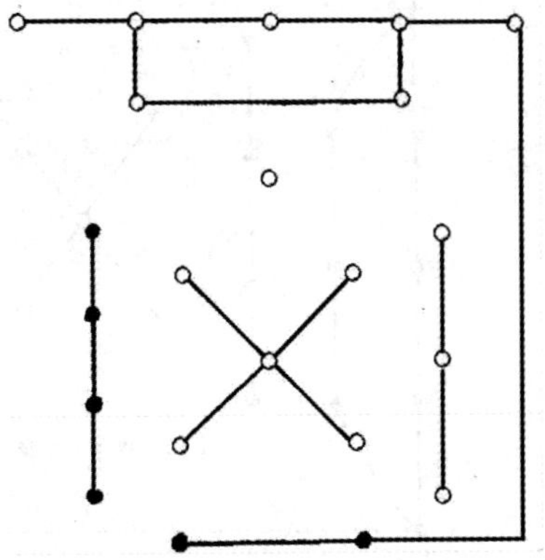

天三左生地八第七

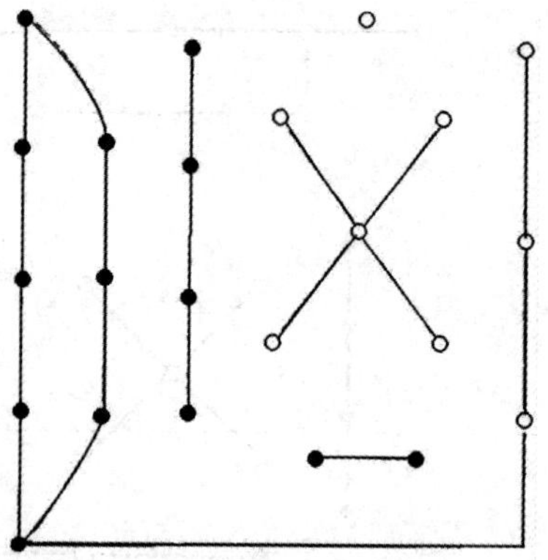

地四右生天九第八

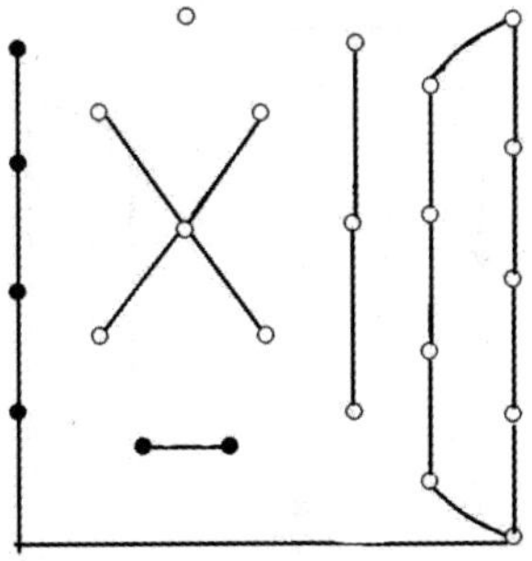

經曰：「參伍以變，錯綜其數。通其變，遂成天地之文；極其數，遂定天下之象。」〔一〕

〔一〕案：繫辭傳「遂成天地之文」，清嘉慶二十年南昌府學重刊宋本周易正義作「天下」；阮校言：石經嶽本、閩監毛本同釋文「天地」；一本作「天下」。虞、陸本作「爻」。民國二十四年傅氏藏園珂羅版印宋刻遞修本周易正義（簡稱宋刻遞修單疏本）本作「天地」。

義曰：「參」，合也；「伍」，爲偶配也。〔二〕爲天五合配天一，下生地六之類是也。以通其變化，交錯而成四象、八卦之數也。「成天地之文」者，爲陰陽交而著其文理也。「極其數」者，爲極天地之數也。天地之極數，五十有五之謂也。遂定天地之象者，天地之數既設，則象從而定也。

兩儀生四象第九

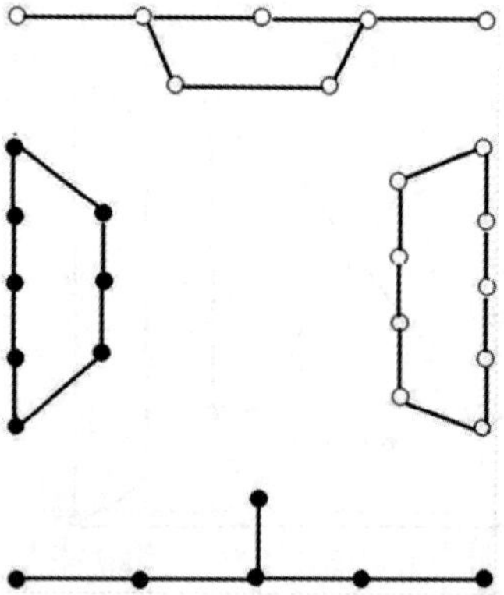

〔二〕此「義」未知乃「正義」之脱，或另指别書，或其解經之發語詞。案：宋刻遞修单疏本周易正義作「參，三也；伍，五也。或三或五，以相改變，略舉三五，諸數皆然也。」與劉牧「義」下之言有異。故此「義」當非周易正義；另其下文引及周易正義，即以「孔氏疏」稱之。综上，此「義」或非周易正義之省文。

經曰：「兩儀生四象」。

孔氏疏謂：「金、木、水、火，稟天地而有，故云『兩儀生四象』。土則分王四季，又地中之别，惟云四象也〔一〕。」且金、木、水、火，有形之物，安得爲象哉？孔氏失之遠矣。又云：「『易有四象，所以示』者：莊氏云：『四象，謂六十四卦之中，有實象、有假像、有義象、有用象也〔二〕。』今於釋卦之處，已破之矣。何氏謂〔三〕：『天生神物，聖人則之，一也；天地變化，聖人效之，二也；天垂象，見吉凶，三也〔四〕；河出圖，洛出書，聖人則之，四也。』今謂此四事，聖人易外别有其功〔五〕，非專易内之物，稱『易有四象』，且又云『易有四象，所以示也；繫辭焉，所以告也。』然則象與辭，相對之物〔六〕，辭既爻

〔一〕「惟云四象也」，宋刻遞修单疏本周易正義「惟」作「唯」，並前有「故」字。

〔二〕「有用象也」，宋刻遞修单疏本周易正義作「有用象，爲四象也」。

〔三〕「何氏謂」，宋刻遞修单疏本周易正義作「何氏以爲四象謂」。

〔四〕「天垂象，見吉凶，三也」，通志堂本作「天垂象，見吉凶，聖人象之，三也。」

〔五〕「今謂此四事，聖人易外别有其功，稱『易有四象』」，宋刻遞修单疏本周易正義作「今謂此等四事，乃是聖人易外别有其功，何得稱『易有四象』」。

〔六〕「然則象與辭，相對之物」，宋刻遞修单疏本周易正義作「然則象之與辭相對之物」。

卦之下辭，象謂爻卦之象也。上『兩儀生四象』〔一〕，七、八、九、六之謂也，諸儒有謂七、八、九、六，今則從以爲義也。」

且疏家以七、八、九、六之四象，爲所以示之四象，則駁雜之甚也。何哉？夫七、八、九、六，乃少陰、少陽、老陰、老陽之位，生八卦之四象，非易之所以示四象也。略試論之：且夫四象者，其義有二：一者，謂兩儀所生之四象；二者，謂「易有四象，所以示」之四象。若天一、地二、天三、地四，所以兼天五之變化。上下交易，四象備其成數，而後能生八卦矣。於是乎坎、離、震、兑，居四象之正位。不云五象者，以五無定位，舉其四則五可知矣。夫五上駕天一而下生地六，下駕地二而上生天七，右駕天三而左生地八，左駕地四而右生天九，此河圖四十有五之數耳。斯則二儀所生之四象。

所謂「易有四象，所以示」者，若繫辭云：「吉凶者，失得之象」一也；「悔吝者，憂虞之象」二也；「變化者，進退之象」三也；「剛柔者，晝夜之象」四也。且孔氏疏云：「象之與辭，相對之物，辭既爻卦之下辭，象謂爻卦之象也。」

〔一〕宋刻遞修单疏本周易正義「上」前有「則」字。

又上句云：「易有四象，所以示也」；下句云：「繫辭焉，所以告也。」詳其吉凶、悔吝、變化、剛柔，四者之象，既繫辭所陳，則與爻卦正協其義也。而又孔氏復引二儀所生之四象，舉七、八、九、六之數，則其義非也。不亦失之甚乎。

四象生八卦第十

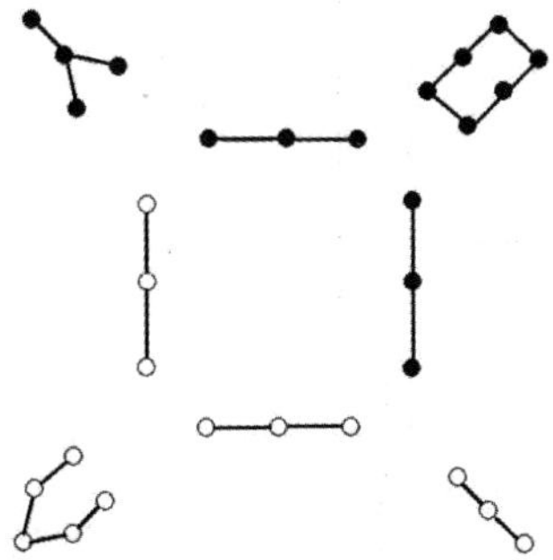

五行成數者：水數六、金數九、火數七、木數八也。水居坎而生乾，金居兑而生坤，火居離而生巽，木居震而生艮。已居四正，而生乾、坤、艮、巽，共成八卦也。

二儀得十成變化第十一

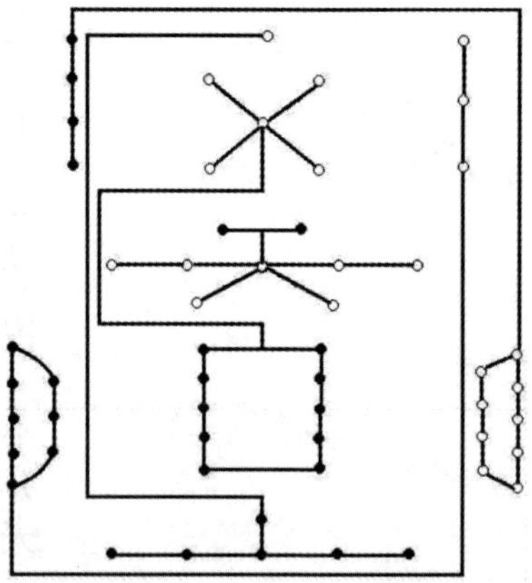

此乃五行生成數，本屬洛書。此畫之者，欲備天地五十五數也。

天數第十二

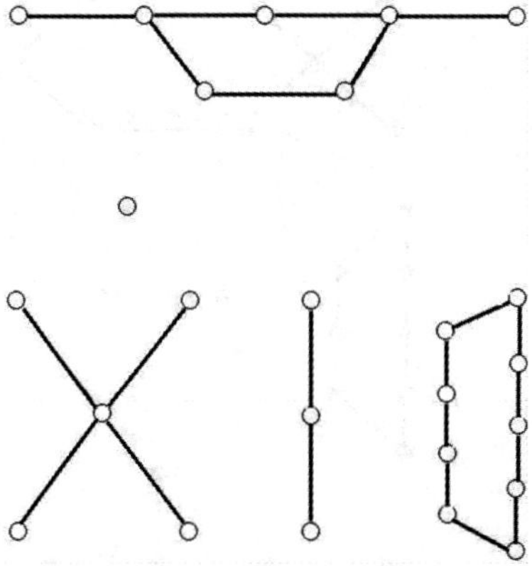

地數第十三

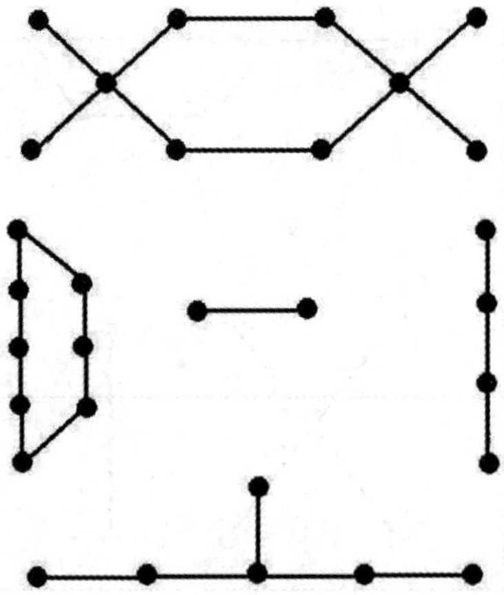

天地之數第十四

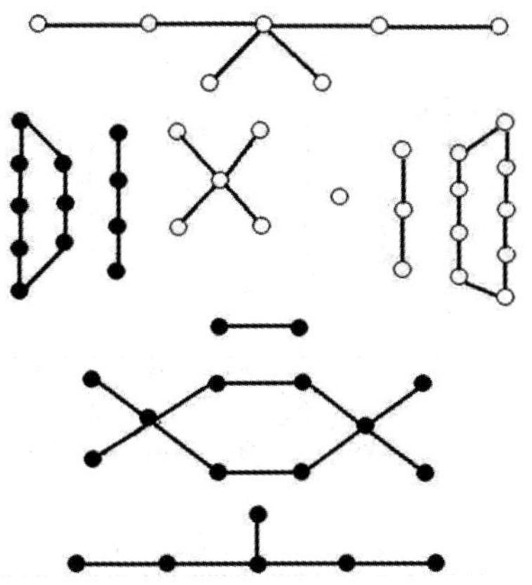

内十五，天地之用，九、六之數也。兼五行之數四十，合而爲五十有五，備天地之數也。

大衍之數第十五

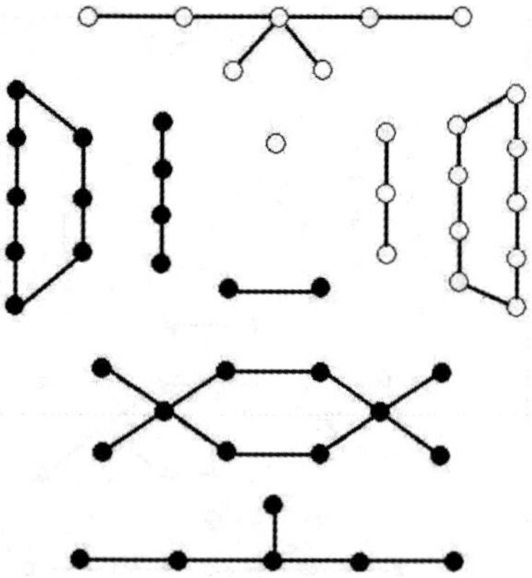

經曰：「凡天地之數五十有五，此所以成變化而行鬼神也。」又曰：「大衍之數五十」，則減天地之數五也。韓氏[一]曰：「演天地之數，所賴者五十也。」則不言減五之數。

〔一〕「韓氏」，清嘉慶二十年南昌府學重刊宋本周易正義作「王弼」。

所以孔氏疏以爲，五十有五乃「天地陰陽奇偶之數，非是上文〔二〕演天地之策也」。

且諸儒分大衍之數分而爲二之義，中則述天地之數五十有五之用，末則陳四營成易十有八變而成卦之理。此豈可同乎本末，而異其中之數也？況乎揲蓍之數以象天地，豈可捨其數而求其象乎？斯亦疏家之失：不求天五退藏於密之義也。且夫五十有五，天地之極數也；大衍之數，天地之用數也。蓋由天五不用，所以大衍之數少天地之數五也。

或曰：「天五不用，何以明其不用之由？」答曰：「天五不用，非不用也，是用四象者也。且天一、地二、天三、地四，此四象生數也。天五所以斡四象生數，而成七、九、六、八之四象，是四象之中皆有五也。則知五能包四象，四象皆五之用也。舉其四則五在其中矣，故易但言四象以示〔三〕，不言五象也。今揲蓍之義，以筮而尚占者也，以象天地之用數，所以大衍之數減天地之數五也。」

〔二〕案：「上文」，道藏本無「上」字，通志堂本作「是文」；依宋刻遞修单疏本周易正義改之。
〔三〕易繫辭上：易有四象所以示也。

其用四十有九第十六

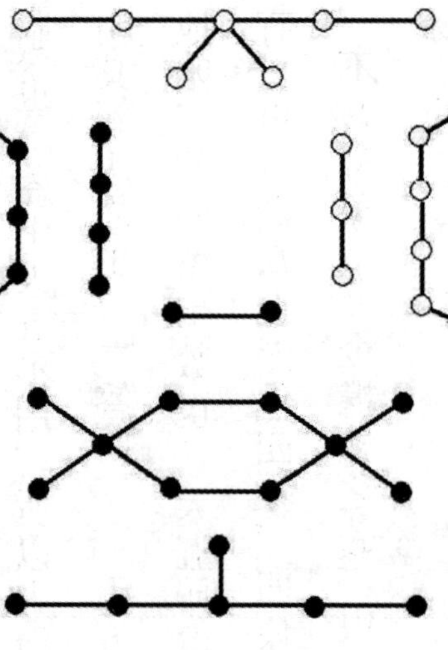

「大衍之數五十，其用四十有九。」

韓氏注曰〔一〕：「衍天地之數〔二〕，所賴者五十，其用四十有九，則其一不用也。不用而用以之通，非數而數以之成，斯易之太極也。四十有九，數之極也。夫無不可以無明，必因於有；〔三〕固嘗於有物之極，而必明其所由之宗也。」

孔氏疏：「『京房云：五十者，謂十日、十二辰、二十八宿也。凡五十，其一不用者，天之生氣，將欲以虛求實〔四〕，故用四十九焉。』馬季長云：『易有太極，謂北辰。北辰生兩儀〔五〕，兩儀生日月，日月生四時，四時生五行，五行生十二月，十二月生二十四氣。

〔一〕通志堂本亦作「韓氏注曰」；清嘉慶二十年南昌府學重刊宋本周易正義作「王弼曰」。
〔二〕「衍天地之數」，通志堂本亦如是；清嘉慶二十年南昌府學重刊宋本周易正義作「演天地之数」。
〔三〕案：「無」不能通过「無」彰显自身，「無」之彰显要借助「有」。
〔四〕「以虛求實」，通志堂本亦如是；宋刻遞修单疏本周易正義、清嘉慶二十年南昌府學重刊宋本周易正義作「以虛來實」。
〔五〕「北辰生兩儀」，通志堂本亦如是；宋刻遞修单疏本周易正義、清嘉慶二十年南昌府學重刊宋本周易正義作「太极生兩儀」。

北辰居位不動，其餘四十九，運而用之也。』荀爽云：『卦各有六爻，六八四十八，加乾坤二用，凡五十。「初九：潛龍勿用」，故用四十九也。』鄭康成云：『天地之數五十有五者，以五行氣，通於萬物，故減五。大衍又減一〔二〕，故用四十九。』姚信〔三〕、董遇云：『天地之數五十有五者，其六以象六畫〔三〕之數，故減而用四十九〔四〕也。』顧懽云：『立此五十數以數神。神雖非數，因數而顯。故虛其一數，以明不可言之義也。』」

今詳諸家所釋，義有多端，雖各執其説，而理則未允，敢試論之：韓氏注，以虛一爲太極，則未詳其所出之宗也。何者？夫「太極生兩儀」，兩儀既分，天始生一，肇其有數也。而後生四象、五行之數，合而爲五十有五，此乃天地之極數也。今若以太極爲虛一之

〔二〕「大衍又減一」，通志堂本作「大衍人減一」；宋刻遞修单疏本周易正義、清嘉慶二十年南昌府學重刊宋本周易正義作「大衍又減一」。

〔三〕「姚信」，道藏本作「姚」字，通志堂本、宋刻遞修单疏本周易正義、清嘉慶二十年南昌府學重刊宋本周易正義作「姚信」，依此改之。

〔三〕「六畫」，道藏本作「六」字，通志堂本、宋刻遞修单疏本周易正義、清嘉慶二十年南昌府學重刊宋本周易正義作「六畫」，依此改之。

〔四〕「故減而用四十九」，通志堂本亦如是；宋刻遞修单疏本周易正義、清嘉慶二十年南昌府學重刊宋本周易正義作「故減之，而用四十九」。

數，則是大衍當用五十有四也。不然，則餘五之數，無所設耳。況乎大衍，衍天地之數也，則明乎後天地之數矣。大衍既後天地之數，則太極不可配虛其一之位也。明矣。又無不可以無明，必因於有，是則以太極爲無之稱；且太極者，元氣混而爲一之時也，其氣已兆，非無之謂。則韓氏之注，義亦迂矣。

或曰：「韓氏之注，承輔嗣之旨，且輔嗣之注，獨冠古今，斐然議之，無乃不可乎？」

答曰：「此必韓氏之寓言，非輔嗣之意也。且若愚以胸臆論之，是謂狂簡，今質以聖人辭：且『易有太極，是生兩儀』，易既言有，則非無之謂也。不其然乎？至於京、荀、馬、鄭，衆賢之論，皆採摭天地名數，强配其義【闕】且若以天地之名數，强加配偶，則靡所不可【闕】。然而天地之數，生成相因，理如貫珠，不可駢贅而設也。雖能强立其義，推而究之，則於所由之宗，不會矣。試論於末篇。」

論下

天地之數十有五居其内，而外斡五行之數四十也。今止用其四十九者，何也？蓋由天五爲變化之始，散在五行之位，故中無定象。又天一居尊而不動，以用天德也。天德，九也。天一者，象之始也，有生之宗也，爲造化之主，故居尊而不動也。惟天三、地二、地四之數，合而成九，陽之數也。天三，則乾之三畫；地二、地四，則坤之六畫也。地道無成而代有終，陽得兼陰之義也。故乾之三兼坤之六，成陽之九，斡運五行成數，而通變化也。所以揲蓍之義，以象其數也。

或問曰：「易云：『坤元用六』，今則乾三兼之，是坤之六無用乎？」

答曰：「非也，在其中矣。此蓋易舉其多數而言之也。數六是少數，舉其多，則少可知矣。是知：陽進，而乾元用九；陽退，則坤元用六也。亦猶當期之日，惟合老陰、老陽之數，其少陰、少陽之數，則在其中。举多兼少，易義皆然矣。」

少陽第十七

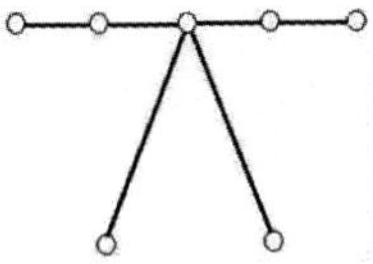

少陰第十八

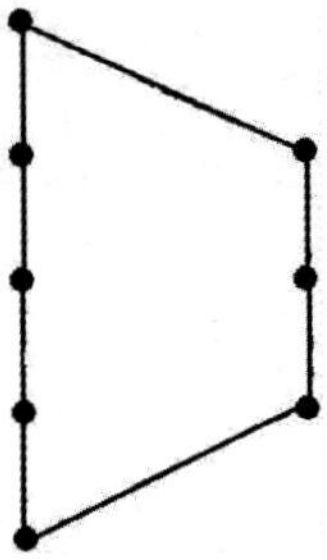

老陽第十九

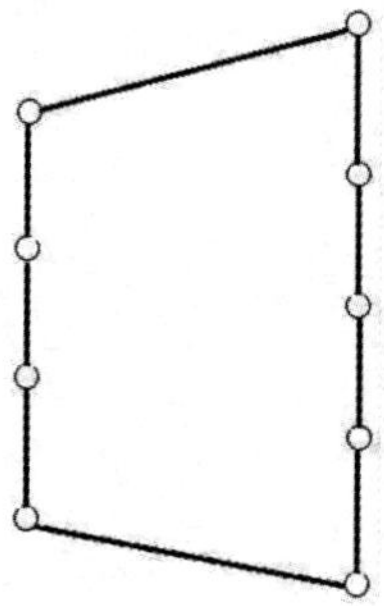

老陰第二十

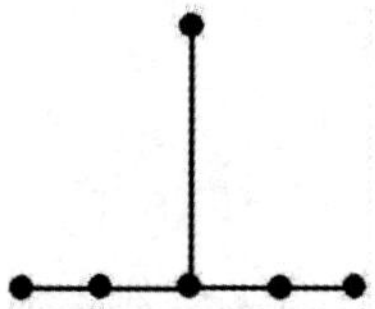

七八九六合數第二十一

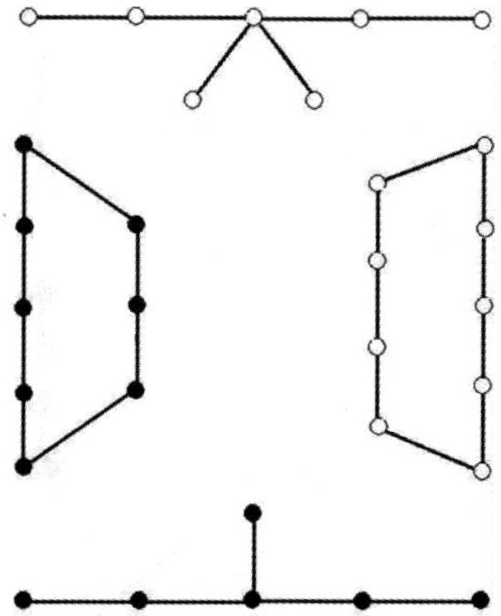

且夫七、八、九、六之數，以四位合而數之，故老陽，四九則三十六也；少陽，四七則二十八也；老陰，四六則二十四也；少陰，四八則三十二也。

乾畫三位第二十二

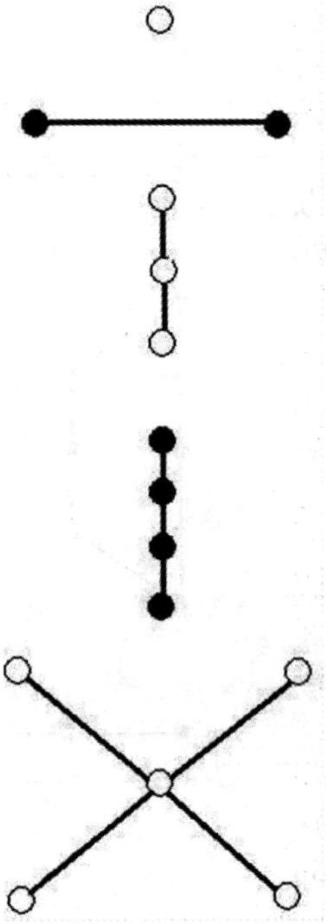

坤畫三位第二十三

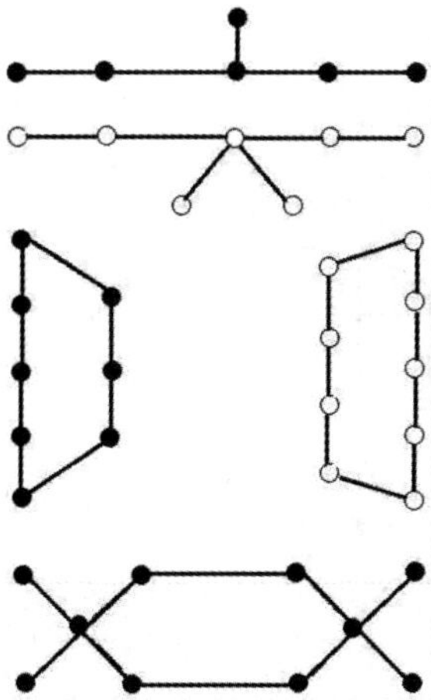

乾畫，奇也；坤畫，偶也。且乾坤之位分，則奇偶之列【闕】則陰陽之位序矣〔二〕。

〔二〕「則陰陽之位序矣」，通志堂本無「則」字。

陽中陰第二十四

陰中陽第二十五

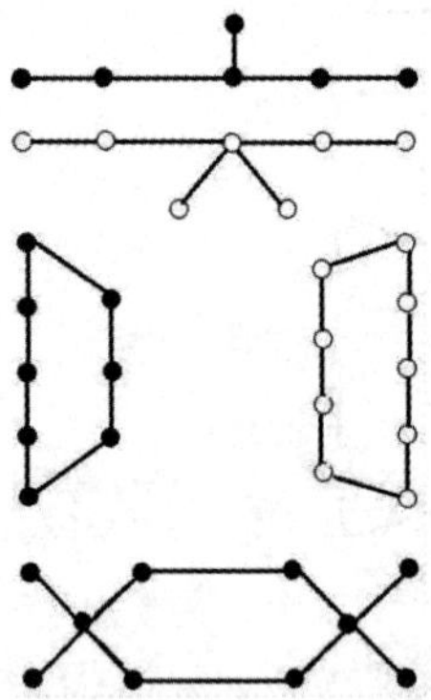

乾獨陽第二十六

坤獨陰第二十七

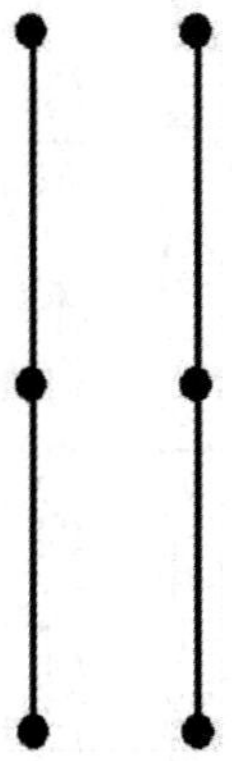

經曰：「一陰一陽之謂道。」

韓氏注云：「道者，無之稱〔一〕，無不通也，無不由也。況之曰道，寂然無體，不可爲象。必有之用極，而無之功顯，故至於神無方而易無體，而道可見矣。故窮變以盡神，因神而明道。陰陽雖殊，無一以待之。在陰爲無陰，陰以之生；在陽爲無陽，陽以之成，故曰：一陰一陽也。」又孔氏云：「一謂無陰無陽，乃謂之道也。」

觀其注疏之家，祖述以「無」爲義，不釋其道之妙用也。且道無形，亦必陳乎宗旨。易稱「一陰一陽之謂道」，必垂「一陰一陽」之義耳。略試論之：且夫「一陰一陽」者，獨陰獨陽之謂也。獨陰獨陽，且不能生物，必俟一陰一陽合，然後運其妙用而成變化。四象因之而有，萬物由之而生，故曰：「無不由之」，謂道也。若夫獨陰獨陽者，天地所稟，天獨陽，地獨陰至於五行之物，則各含一陰一陽之氣而生也。所以一與地六，合而生水；地二與天七，合而生火；天三與地八，合而生木；地四與天九，合而生金；天五與地十，合而生土。此則五行之質，各稟一陰一陽之氣耳。至於動物、植物，又合五行之氣而生也。今欲

〔一〕「道者，無之稱」，清嘉慶二十年南昌府學重刊宋本周易正義作「道者，何無之稱也」。

明其義，故先布天地獨陰獨陽之體，次列五行含二氣之象，末陳人禀五行之質也。

離爲火第二十八

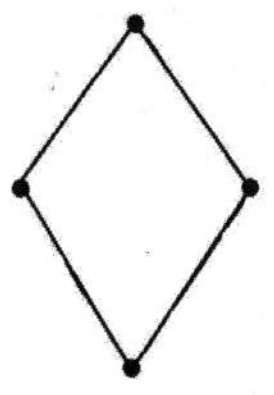

坎爲水第二十九

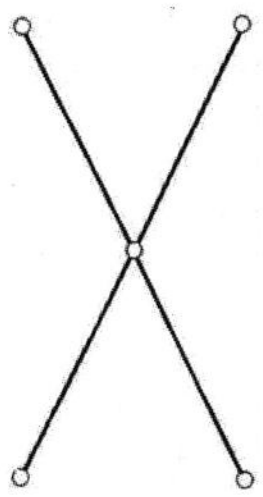

震爲木第三十

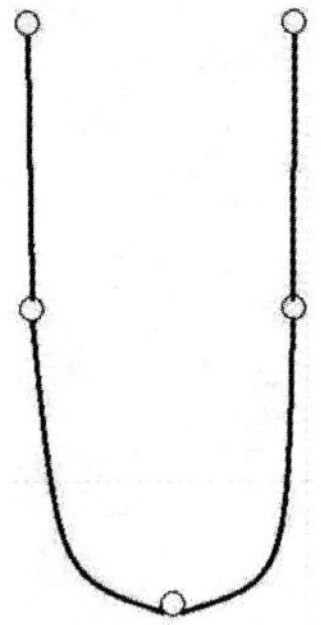

兑爲金第三十一

天五合地十爲土第三十二

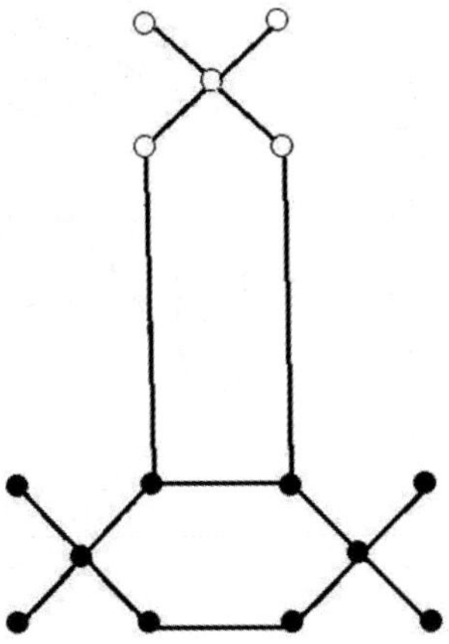

土，無象也，分王四季。地則積陰之氣，氣稟獨陰，不能生物也。暨天五與地十，合而生土，成其形質，附地而載，是爲五行之一也。故疏云：「土者，是『地中之别』耳」。所以，地則稱乎獨陰，土則稟乎二氣也。

人禀五行第三十三

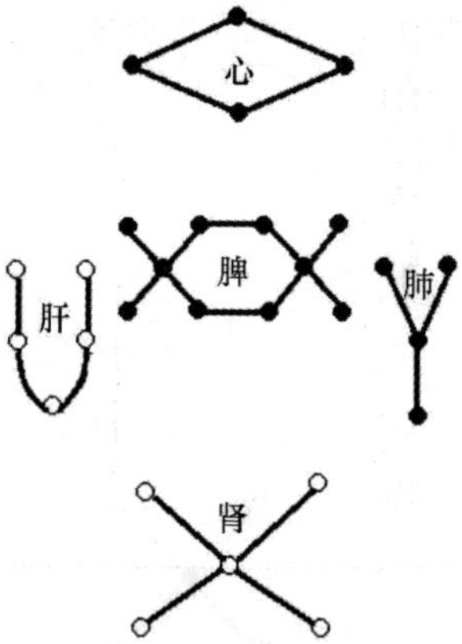

「易之爲書也，廣大悉備，有天道焉，有人道焉，有地道焉，兼三才而兩之，故六，六者非他也，三才之道也。」然則三才之道，上、中、下之位，三才之用，舍五行則斯須無以濟矣。至於人之生也，外濟五行之利，内具五行之性。五行者，木、火、土、金、水也。木性仁，火性禮，土性信，金性義，水性智。是故圓首方足，最靈於天地之間者。蘊是性也，人雖至愚，其於外也曰知，由五行之用其於内也。或蒙其性而不循五常之教者，可不哀哉。〔二〕

〔二〕案：通志堂本圖中多人稟五行圖：，離象也，在人爲心，五常爲禮；者，坎象也，在人爲腎，五常爲智；，震象也。在人爲肝，五常爲仁；，兑象也，在人爲肺，五常爲義。分處南北東西，則中央之土宜作。

卷中

乾坤生六子第三十四

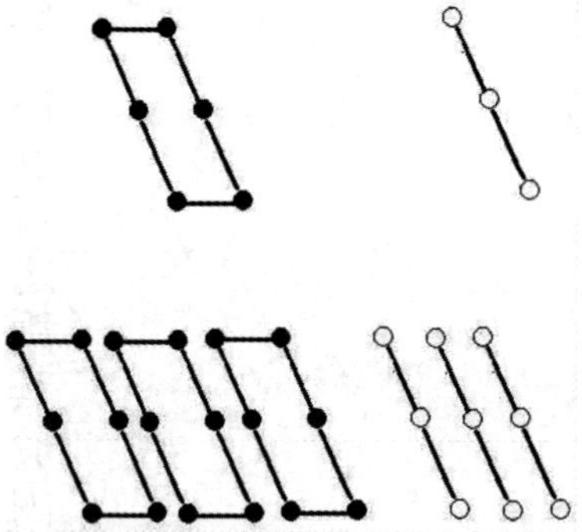

乾下交坤第三十五

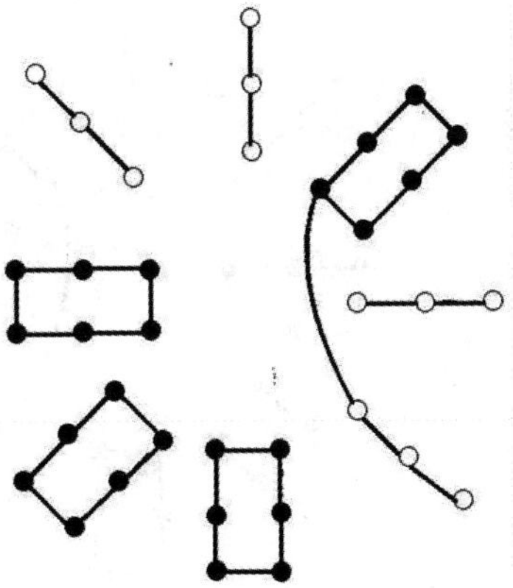

乾，天也，故稱乎父，下濟而光明焉。

坤上交乾第三十六

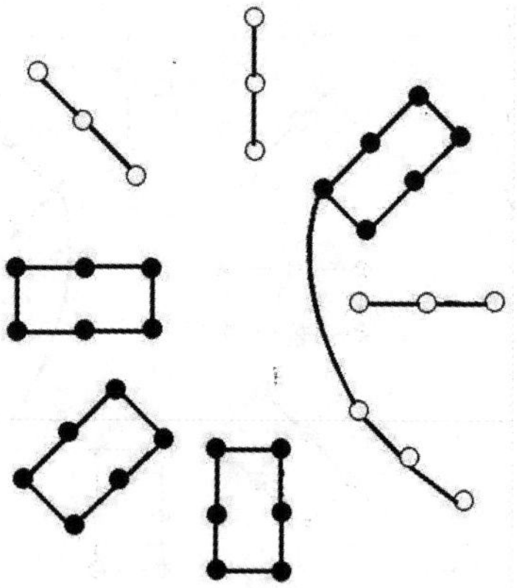

坤，地也，故稱乎母，卑而上行焉。

震爲長男第三十七

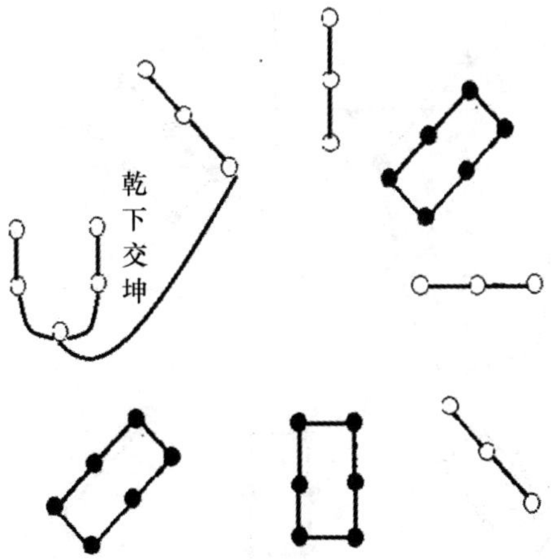

震，一索而得男，故謂之長男。

巽爲長女第三十八

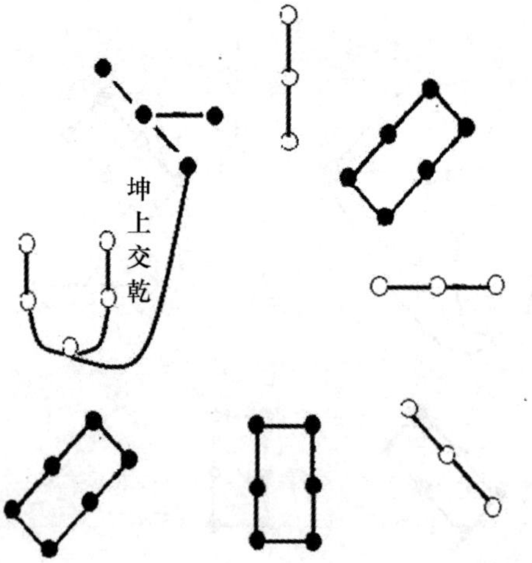

巽，一索而得女，故謂之長女。

坎爲中男第三十九

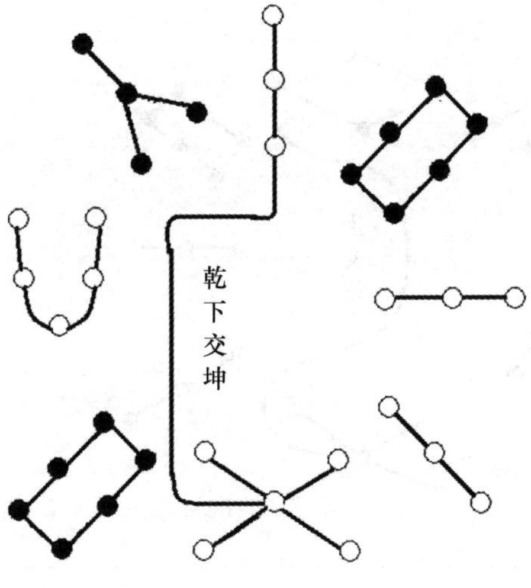

坎，再索而得男，故謂之中男。

離爲中女第四十

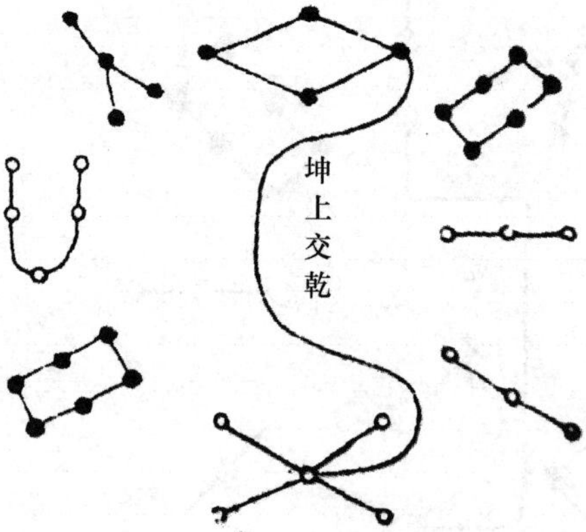

離，再索而得女，故謂之中女。

艮爲少男第四十一

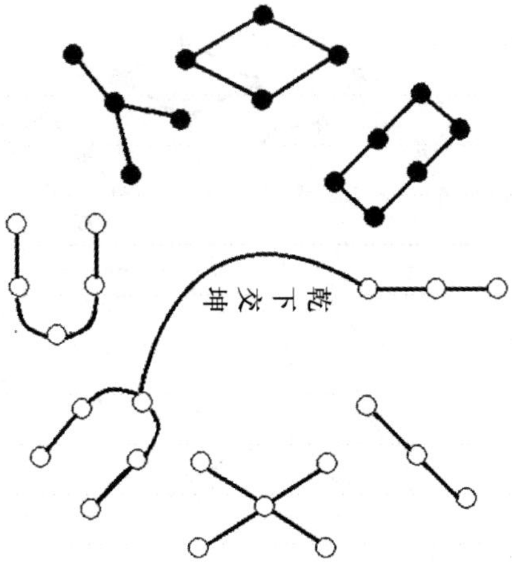

艮，三索而得男，故謂之少男。

兑爲少女第四十二

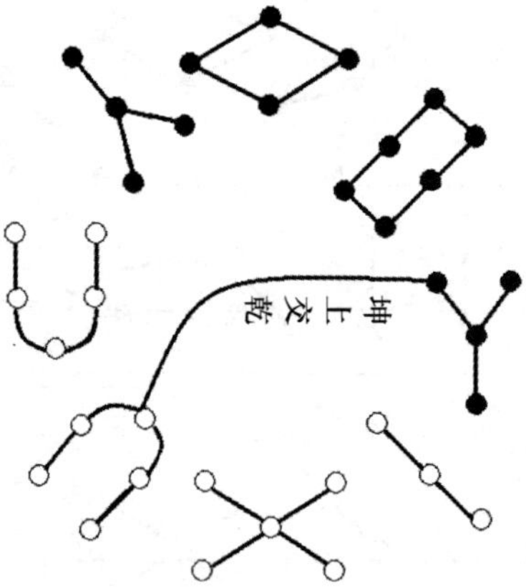

兑，三索而得女，故謂之少女。

已上更布自然之象者，蓋欲明上下自然交易相生之理，成八卦變化之義也。

坎生復卦第四十三

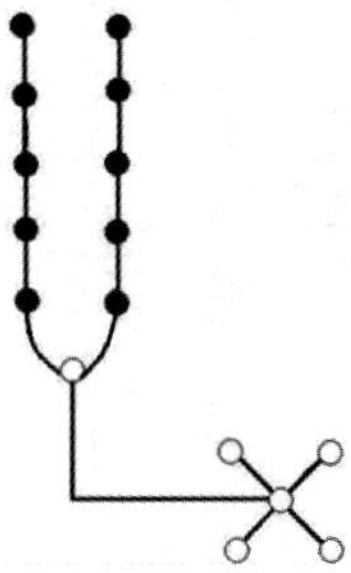

離生姤卦第四十四

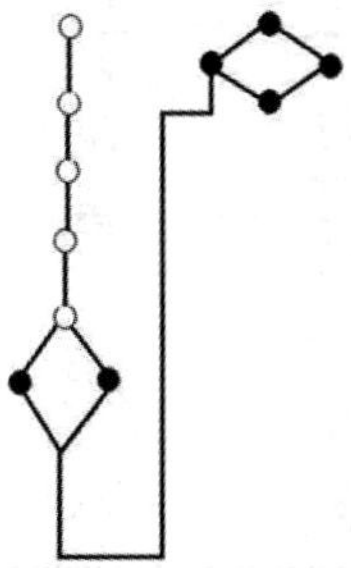

「夫易有太極，是生兩儀，兩儀生四象，四象生八卦。」「八卦成列，象在其中矣。因而重之，爻在其中矣。」則知，太極乃兩儀之始，八卦則重卦之始也。重卦之首以復卦，何謂也？陽氣之始也。略試論之：

且夫四正之卦，所以分四時、十二月之位；兼乾、坤、艮、震者，所以通其變化。因而重之，所以效其變化之用也。觀其變化之道，義有所宗，故其復卦生於坎中，動於震，上交於坤，變二震、二兑、二乾而終；自復至乾之六月，斯則陽爻上生之義也。姤卦生於離中，消於巽，下交於乾，變二巽、二艮、二坤而終；自姤至於坤之六月，斯則陰爻下生之義也。

自復至坤，凡十二卦，主十二月；卦主十二月，中分二十四氣，爻分七十二候，以周其日月之數。是故離、坎分天地，子、午以東爲陽〔二〕，子、午以西爲陰。若夫更錯以他卦之象，則總三百八十四爻，所以極三才之道。

或問曰：「合數圖以正之，卦之與爻，分四時、十二月之位，又兼乾、坤、艮、巽之

〔二〕案：「子、午以東爲陽」，道藏本作「子午以【闕】陽」，據通志堂本補之。

卦通其變。且復卦生坎中，動于震，交於坤。易曰：『地中有雷，復』，正協其義也。若姤卦則生於離之中，消於巽，交於乾。易曰：『天下有風，姤』。且巽非四正之卦也，則與復卦不同其義。今卦體則是巽承於乾，而變易其位從兑者，何謂也？」

答曰：「斯則取歸妹之象。易曰：『歸妹，天地之大義也。天地不交，則萬物不興。歸妹者，人之終始』也，所以資長男交少女之義。交少女而長女主其卦者，明其妹係于姊嫁，而妹非正也。所謂「姪娣」之義也。若以長男交長女，雖曰夫婦常久之道，然未盡廣延之理也。則知能終其始者，必歸妹也，故易稱『天地之大義』。是以卦之變易，必從歸妹，妹非正室，必以姊主其卦也。是以其體則取兑合震，其名則以巽承乾也。變易之義其在兹乎！」

三才第四十五

【闕】前賢釋「三才」之義，皆以設剛柔兩畫，以布二氣；布以三位，而象三才，謂聖人率意以畫之矣。斯亦不詳繫辭之義也。夫卦者，天垂自然之象也，聖人始得之於河圖、洛書，遂觀天地奇偶之數，從而畫之，是成八卦，則非率意以畫其數也。略試論之：

夫三畫所以成卦者，取天地自然奇偶之數也。乾之三畫而分三位者，爲天之奇數三，故畫三位也。地之偶數三，亦畫三位也。餘六卦者，皆乾坤之子，其體則一，故亦三位之設耳。且夫天，獨陽也；地，獨陰也。在獨陽獨陰，則不能生物。暨天地之氣、五行之數定，始能生乎動植。故經曰：「有天地，然後萬物生焉」。豈一氣之中，有藴三才之道邪？所謂兼三才而兩之，蓋聖人重卦之義也，非八純卦之謂也。

三才，則天、地、人之謂也；兩之，則重之謂也。上二畫爲天，中二畫爲人，下二畫爲地。以人合天地之氣生，故分天地之氣而居中也。所以九二稱「在田」，明地道也；九五稱「飛龍在天」，明天道也，斯則其理坦然而明白矣。如曰不然，敢質之於繫辭，曰：「六爻之動，三極之道也。」又曰：「有天道焉，有人道焉，有地道焉，兼三才而兩之，故六。六者，非他也，三才之道也。」又曰：「昔者聖人之作易，將以順性命之理，是以立天之道曰陰與陽，立地之道曰柔與剛，立人之道曰仁與義，兼三才而兩之，故易六畫而成卦」。斯則皆云六畫包三才之義，則無三畫韞三才之説，不其然乎？若夫六爻皆有人事者，爲人倫則天法地之象，故初上皆包人事之義耳。

七日來復第四十六 論凡三篇

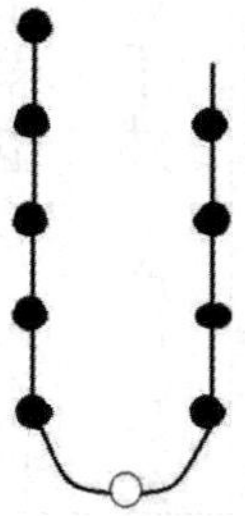

論上

正義曰：「陽氣始剥盡，謂陽氣始於剥盡之後，至陽氣來復時，凡七日也。其釋注分明。如褚氏、莊氏並云：『五月一陰生，至十一月一陽生，凡七月。而云七日，不云月者，欲見陽長須速，故變月而言日也。』今輔嗣云：『剥盡至來復』，是從剥盡至來復時，經七日也。若從五月言之，何得云始盡也？又臨卦亦是陽長，言八月；今復卦亦是陽長，何獨變月而稱日？觀注之意，爲不然。亦用易緯「六日七分」之義，同鄭康成之説。但于文省略，不復具言。按易緯稽覽圖云：『卦氣起於艮、巽，離、坎、震、兑各主一方，其六十卦，卦有三百六十爻，日凡主三百六十日。餘有五日四分日之一，每日分爲八十分，五日分爲四百分，四分日之一又爲二十分，是四百二十分。六十卦分之，六七四十二，各得七分，是每卦得六日七分也。』剥卦陽氣之盡，在九月之末，十月當純坤用事，坤卦在六日七分之前，從剥盡至陽氣來復，隔坤之一卦。六日七分，舉成數言之，故輔嗣

言，凡七日也。」〔二〕

且今七日來復之義，詳夫孔氏之疏，雖得之於前，而又失之於後也。何哉？且易云：「七日來復」。輔嗣之注，又言七日。雖則引經注，破褚氏、莊氏之誤，於義爲得。末又引易緯鄭氏「六日七分」，則其理又背經注之義。且易緯鄭氏言，每卦得六日七分，則未詳六日七分能終一卦之義。略試論之：

且坎、離、震、兌，四正之卦也，存四位，生乾、坤、艮、巽之卦；每位統一時，每

〔二〕案：上文引自周易正義，而與宋刻遞修单疏本差異較大，故録原文於此：正義曰：「陽氣始剥盡，謂陽氣始於剥盡之後，至陽氣來復時，凡經七日。觀注之意，陽氣從剥盡之後至於反復，凡經七日，其注分明。如褚氏、莊氏並云：五月一陰生，至十一月一陽生，凡七月。而云七日不云月者，欲見陽長須速，故變月言日。今輔嗣云：『剥盡至來復』，是從盡至來復經七日也。若從五月言之，何得云始盡也？又臨卦亦是陽長，而言八月，今復卦亦是陽長，何以獨變月而稱七日？觀注之意，必謂不然。亦用易緯六日七分之義，同鄭康成之説，但於文省略，不復具言。案易緯稽覽圖云：『卦氣起中孚，故離、坎、震、兌，各主其一方，其餘六十卦，卦有六爻，爻別主一日，凡主三百六十日。餘有五日四分日之一者，每日分爲八十分，五日分爲四百分；四分日之一，又爲二十分，是四百二十分。六十卦分之，六七四十二，卦別各得七分，是每卦得六日七分也。剥卦陽氣之盡在於九月之末，十月當純坤用事，坤卦有六日七分，坤卦之盡則復卦陽來，是從剥盡至陽氣來復，隔坤之一卦。六日七分，舉成數言之，故輔嗣言凡七日也。反復者，則出入之義。反謂入而倒反，復謂既反之後復而向上也。」

爻主一月，此則四純之卦也。又若重卦，自復至乾，六爻而經六月也；自姤至坤，亦六爻而經六月也。則一爻而主一月也，昭昭矣。而云「六日七分」爲義，則作疏者不思之甚也。且夫「七日來復」者，十月之末，坤卦既終，陰已退，陽氣復生也。爲天有十日，陽上生也。至七爲少陽，陰陽交易而生，當陽復來之時，爲老陰【闕】待經陰之數盡，至七日，少陽【闕】七日來復【闕】則合經注之義也。

論中

繫辭曰：「天一，地二，天三，地四，天五，地六，天七，地八，天九，地十」。此乃五行生成之數也。天一生水，地二生火，天三生木，地四生金，天五生土，此其生數也。如此，則陽無匹，陰無偶。故地六成水，天七成火，地八成木，天九成金，地十成土。於是陰陽各有匹偶，而物得成矣，故謂之成數也。又曰：「天數五，地數五，五位相得而各有合」，「此所以成變化而行鬼神」，謂此也。

又：「數之所起，起於陰陽，陰陽往來，在於日道。十一月冬至，以及夏至，當爲陽來。正月爲春，木位也。日南極，陽來而陰往。冬，水位也。當以一陽生，爲水數。五月夏至，日北極，陰進而陽退。夏，火位也。當以一陰生，爲火數。但陰不名奇數，必六月，二陰生爲火數也。是故易稱乾貞於十一月，坤貞於六月，來而皆左行。由此，冬至以及夏至，當爲陽來也。正月爲春，木位也，三陽已生，故三爲木數；夏至以及于冬至爲陰進，八月爲秋，金位也。四陰以生，故四爲金數。三月，春之季，土位，五陽以生[一]，故五爲土數。此其【闕】也。」

又：「萬物之本，有生於無，著生於微；萬物成形，必以微著爲漸；五行先後，亦以微著爲次。五行之體，水最微，爲一；火漸著，爲二；木形實，爲三；金體固，爲四；土質大，爲五。亦是次序之宜矣。劉氏與顧氏皆以爲，水、火、木、金，得土數而

〔一〕「五陽以生」，道藏本作「五陰以生」，據通志堂本改。

成，故水數成六，火數成七，木數成八，金數成九，土數成十，義亦然也。」〔二〕

今詳衆賢之論，以天一至天五，爲五行之生數，則不釋所以能生之之義也。以地六至地十爲五行之成數，則不釋所以能成之之義也，故學者莫洞其旨。蓋由象與形，不析有無之義也；道與器，未分上下之理也。略試論之：

易曰：「形而上者謂之道，形而下者謂之器。」則地六而上謂之道，地六而下謂之器也。謂天一、地二、天三、地四，止有四象，未著乎形體，故曰：「形而上者謂之道」也。天五運乎變化，上駕天一，下生地六，水之數也；下駕地二，上生天七，火之數也；

〔二〕案：上文引自尚書正義，因所述與南宋初兩浙東路茶鹽司刻本有差異，故録之於此：正義曰：易繫辭曰：「天一，地二，天三，地四，天五，地六，天七，地八，天九，地十」，此即是五行生成之數。天一生水，地二生火，天三生木，地四生金，天五生土，此其生數也。如此則陽無匹、陰無耦，故地六成水，天七成火，地八成木，天九成金，地十成土。於是陰陽各有匹偶，而物得成焉，故謂之成數也。易繫辭又曰：「天數五，地數五，五位相得而各有合」，此所以「成變化而行鬼神」，謂此也。又數之所起，起於陰陽，陰陽往來在於日道。十一月冬至，日南極，陽來而陰往；冬，水位也；以一陽生，爲水數。五月夏至，日北極，陰進而陽退；夏，火位也；當以一陰生，爲火數；但陰不名奇數，必以偶。故以六月二陰生，爲火數也。是故，易說稱乾貞於十一月，子；坤貞於六月，未，而皆左行，由此也。冬至以及於夏至，當爲陽來，正月爲春，木位也，三陽已生，故三爲木數；夏至以及冬至，當爲陰進，八月爲秋，金位也，四陰已生，故四爲金數。三月春之季，四季土位也，五陽已生，故五爲土數。此其生數之由也。又萬物之本，有生於無，著生於微；及其成形，亦以微著爲漸；五行先後，亦以微著爲次。五行之體，水最微爲一，火漸著爲二，木形實爲三，金體固爲四，土質大爲五，亦是次之宜。大劉與顧氏皆以爲水、火、木、金，得土數而成，故水成數六，火成數七，木成數八，金成數九，土成數十。義亦然也。

右駕天三，左生地八，木之數也；左駕地四，右生天九，金之數也；地十應五而居中，土之數也，此則已著乎形數，故曰：「形而下者謂之器」。

所謂象之與形者，易云：「見乃謂之象」，河圖所以示其象也；「形乃謂之器」，洛書所以陳其形也。「本乎天者親上，本乎地者親下」。故曰：「河以通乾出天，洛以流坤吐地。」易者韞道與器，所以聖人兼之而作易。經云：「河出圖，洛出書，聖人則之」，斯之謂矣。

且夫河圖之數，惟四十有五，蓋不言土數[一]也。不顯土數者，以河圖陳八卦之象，若其土數，則入乎形數矣，是兼其用，而不顯其成數也。洛書則五十五數，所以成變化而著形器者也。故河圖陳四象而不言五行，洛書演五行而不述四象。然則四象，亦金、木、水、火之成數也，在河圖則老陽、老陰、少陽、少陰之數是也；在洛書則金、木、水、火之數也。所以異者，由四象附土數而成質，故四象異於五行矣。然而皆從天五而變化也。至於「天數五，地數五，五位相得而各有合」焉者，此備陳五行相生之數耳。且五行雖有

[一]「蓋不言土數」，通志堂本作「蓋不顯土數」。

成數，未各相合，則亦未有所從而生矣。故天一與地六合而生水，地二與天七合而生火，天三與地八合而生木，地四與天九合而生金，天五與地十合而生土。伏犧而下，但乘其數，至黄帝始名【闕】乙、丙、丁也。今衆賢以一陽生爲水數，二陰生爲火數，三陽生爲木數，四陰生爲金數，五陽生爲土數。【闕】説，强配之也，則非天地自然之數也。

至於以微著爲漸者，亦非通論，何哉？且以堅固言之，則土不當後於金也。以廣大言之，則火不當後於水也。蓋五行之質，各稟自然偶合而生，相因於數，微著之論，實非經旨矣。又若十一月一陽生，爲奇數者，謂天一動乎坎之中也；五月一陰生，爲偶數者，謂地二動乎離之中也；以六月二陰生爲偶數，則未知所出之宗也。

論下

詳夫易緯稽覽圖及鄭「六日七分」之説，蓋取乾、坤老陽、老陰之策配之也。

經曰：「乾之策二百一十有六，坤之策百四十有四，凡三百六十，當期之日」。疏云：「舉其大略，則不數五日四分之一也。」又疏云：「二篇之爻，總三百八十四，陰陽各半焉：陽爻一百九十二位，爻別三十六，總有六千九百一十二也；陰爻一百九十二位，爻別二十四，總有四千六百八也。陰陽總合，萬有一千五百二十，當萬物之數也。」[二]且經爲乾、坤二卦，老陽老陰三百六十之數，當期之日，則不更别起數矣。卦之與爻，則未詳易緯鄭氏「六日七分」之義也。夫陰陽之爻，總有三百八十四焉。且易緯及鄭氏，雖以坎、離、震、兑，四正之卦之爻，減乎二十四之數，與當期之日相契，則又與聖人之辭不同矣。何以知之？且夫起子止亥，十二月之數，所以主十二卦之爻也。十二卦之爻者，自復至坤之位也，豈可取雜書賢人之説，而破聖人之經義哉？或曰：不然，其如繫辭何！

[二] 案：前文引自周易正義，而與宋刻遞修单疏本略有差異，故録原文於此：「二篇之爻，總有三百八十四爻，陰陽各半，陽爻一百九十二爻，爻別三十六，總有六千九百一十二也；陰爻亦一百九十二爻，爻別二十四，總有四千六百八也。陰陽總合萬有一千五百二十，當萬物之數也。」

臨卦八月第四十七

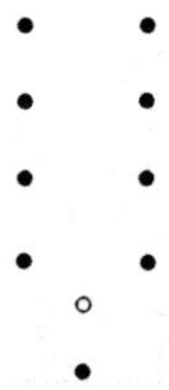

遯卦第四十八

臨：「至於八月有凶」。彖曰：「臨，剛浸而長，説而順，剛中而應，大亨以正，天之道也。至於八月有凶，消不以【闕】。諸家之注解，各有異焉，且「何氏云：『從建子【闕】生至建未，爲八月』。褚氏云：『自建寅至建酉，爲八月』。孔氏疏又曰：『今案此注云：小人道長，君子道消，宜據否卦之時，以臨卦建丑，而至否卦則建申，爲八月也』」〔一〕。理有未安，略試論之：

粤若諸家之説，皆與臨卦之義不相偶契，何以知之？且卦象之辭，所以各論一卦之體也。夫臨卦者，主建丑之月也。何氏從建子陽生而數，則卦辭當在復卦之下，不當屬臨卦也；褚氏從寅而數，則卦辭當在泰卦之下，亦不當屬臨卦也。孔氏宜據建申否卦爲八月，則否之六三當消泰之九三，又與臨卦六三〔二〕之不應也。

今若以建未爲八月，取遯卦之六二消臨卦之九二，則於義爲允矣。何者？且臨卦之象曰：「浸而長」。注云：「陽道轉進，陰道日消也」。遯卦之象亦曰：「浸而長」。注云：「陰道欲進而長，正道亦未全滅也」。今以二卦之爻，既相偶合，又象辭皆有陰陽浸長之説，則其義不得不然也。所以稱建未爲八月耳。

或問：「當文王演卦之時，乃商之末世也。豈【闕】正月爲義哉？」答曰：「周公作

〔一〕案：前文引自周易正義，而與宋刻遞修単疏本略有差異，故録原文於此：「何氏云：『從建子阳生，至建未，爲八月』。褚氏云：『自建寅至建酉，爲八月』。『今案此注云：小人道長，君子道消，宜據否卦之時，故以臨卦建丑，而至否卦則建申，爲八月也』。」

〔二〕「臨卦六三」，道藏本作「臨卦九三」，据通志堂本改之。

爻辭，父基子構，所以爻辭多文王後事，則知文王之旨，周公述而成之，故以周正爲定。況乎易有三名〔二〕，夏曰連山，商曰歸藏，周曰周易。連山則神農氏之號也，歸藏則軒轅氏之號也。既連山、歸藏，並是代號，所以題周，以别餘代，亦由周禮之謂也。且易既題周以正名，則公不得不以周之正朔定其月也，孰謂不然？若何氏以建子至建未爲八月，則是究其末而不原其本矣。至於孔氏，引輔嗣之注，以「君子道消，小人道長」，必以否卦之義也。但陰則小人之道長，陽則君子之道長，不必專在否卦之義也，明矣。

又王氏卦略云：「遯，小人浸長，難在於内，亨在於外，與臨卦相對者也。臨，剛長則柔危；遯柔長則剛危矣」。臨二陽居内，君子之道日長；遯二陰在内，小人之道日進。且八月凶者，天之道，火，【闕】寒暑退，陽長至二得位居中，故於此時垂消退之戒；陽息於十一月爲復，至十二月爲臨，消於五月爲姤，至六月爲遯，自子至未，凡八月也。

〔二〕「易有三名」，道藏本、通志堂本均作「易有二名」，今据文意改之。

卷下

河圖第四十九

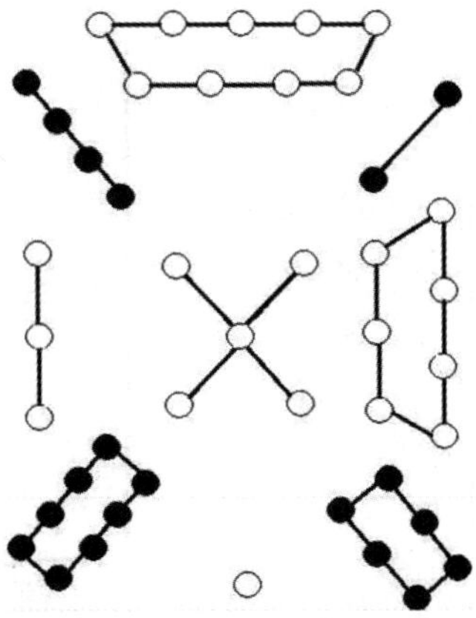

以五爲主，六八爲膝，二四爲肩，左三右七，戴九履一。

河圖天地數第五十

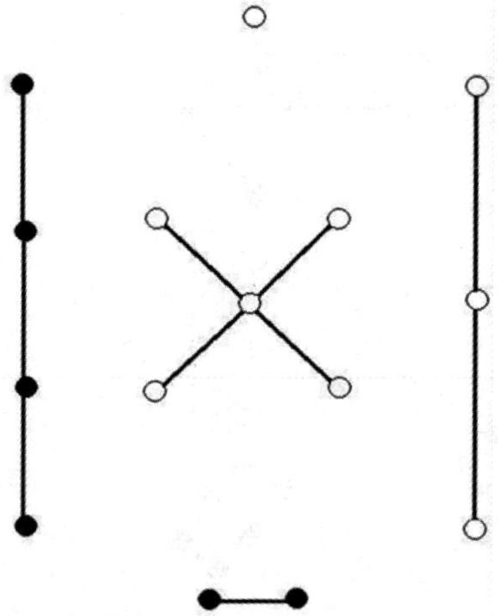

河圖四象第五十一

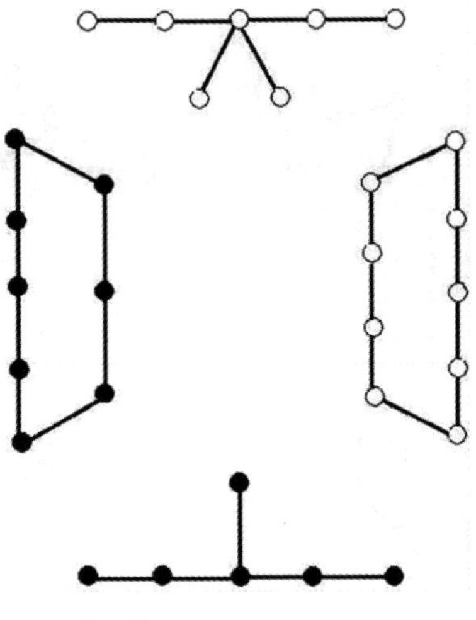

河圖八卦第五十二

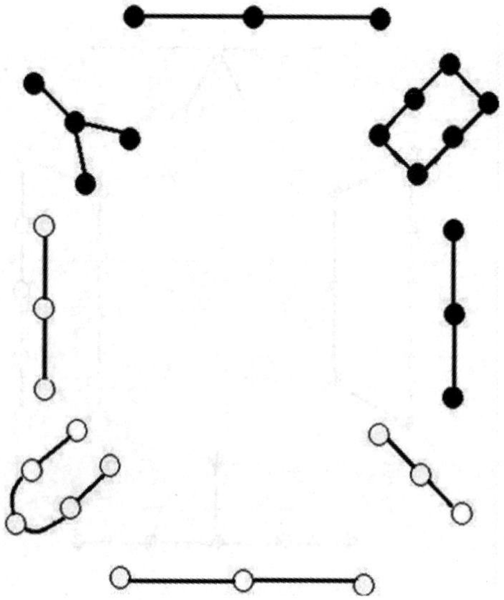

洛書五行生數第五十三

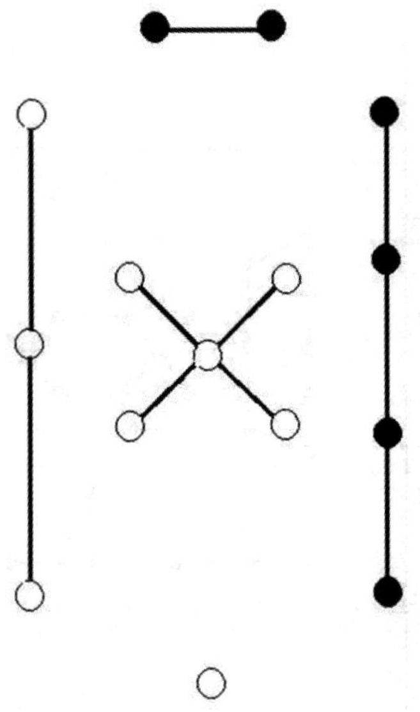

洛書五行成數第五十四

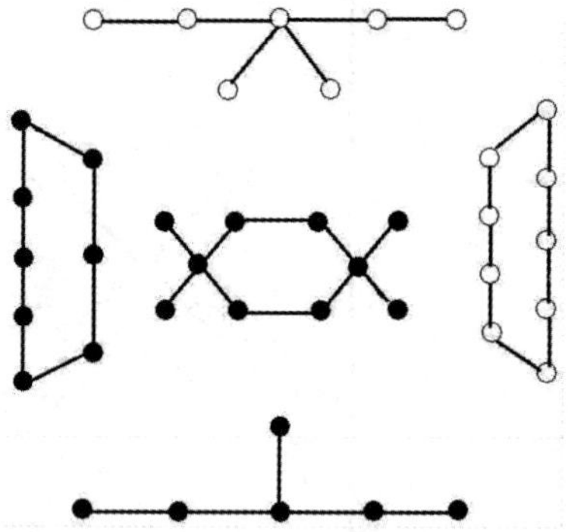

或問曰：「洛書云：『一曰水，二曰火，三曰木，四曰金，五曰土』，則與龍圖五行之數、之位不偶者，何也？」答曰：「此謂陳其生數也。且雖則陳其生數，乃是已交之數也。下篇分土王四时〔二〕，則備其成數矣。且夫洛書九疇，惟出於五行之數，故先陳其已交之生數，然後以土數足之，乃可見其成數也。」

十日生五行並相生第五十五

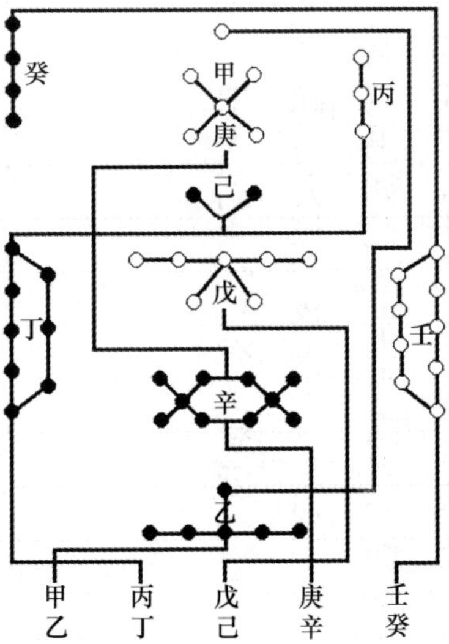

〔二〕「分土王四时」，通志堂本作「分土王四季」。

天一，地六；地二，天七；天三，地八；地四，天九；天五，地十。合而生水、火、木、金、土。十日者，剛日也。相生者，金生水，水生木，木生火，火生土，土生金也。相克者，金克木，木克土，土克水，水克火，火克金也。

龍圖龜書論上

易曰：「河出圖，洛出書，聖人則之」。春秋緯云：「河以通乾出天苞，洛以流坤吐地符。河龍圖發，洛龜書感。河圖有九篇，洛書有六篇」。書正義曰：「洛書九類，各有文字，即是書也。而云：『天乃錫禹如此』，天與禹者，即是洛書也。漢五行志劉歆以爲，宓犧繼天而王〔二〕，河出圖，則而畫，八卦是也。禹治洪水，錫洛書，法而陳洪范是也。潁達共爲此説。龜負洛書，經無其事，中候及諸緯多説黄帝、堯、舜、禹、湯、文、武受圖書之事，皆云：『龍負圖，龜負書』。緯候之書，不知誰著，通人討覈，以爲僞起哀平者也。前漢之末，始有此書，不知起誰氏也。以前學者，必相傳此説，故孔氏以九類是神龜

〔二〕「宓犧繼天而王」，通志堂本作「伏羲繼天而王」。

負文而出，列於背，有數從一而至於九，見其文，遂因而第之以九類也。陳而行之，所以常道得其次敘也。言禹第之者，以天神言語，必當簡要，不應曲有次第，丁寧若此，故以禹次而第之也。然大禹既得九類，常道始有次敘。未有洛書之前，常道所以不亂者，世有澆淳，教有疎密，三皇以前，無文亦治，何止無洛書也。但既得九類，以後【闕】法而行之則治，違之則亂也。」〔一〕

「且不知洛書本文計天言，簡要，必無次第之數。上傳云：『禹因而次之』，則孔氏以第，是禹之所爲，『初一曰』等二十八字，必是禹加之也。其『敬用』、『農用』等三十八

〔一〕案：上文引自尚書正義，因所述與南宋初兩浙東路茶鹽司刻本有差異，故録之於此：正義曰：「易繫辭」云：『河出圖，洛出書，聖人則之』。九類各有文字，即是書也。而云：『天乃錫禹』，知此天與禹者，即是洛書也。漢書五行志劉歆以爲，『伏羲繫天而王，河出圖，則而畫之，八卦是也；禹治洪水，錫洛書，法而陳之，洪范是也』，先達共爲此說。龜負洛書，經無其事，中候及諸緯多說黄帝、堯、舜、禹、湯、文、武受圖書之事，皆云：『龍負圖，龜負書』。緯候之書，不知誰作，通人討核，謂僞起哀平，雖復前漢之末，始有此書，以前學者必相傳此說。故孔以九類，是神龜負文而出，列於背，有數從一而至於九，禹見其文，遂因而第之，以成此九類法也。此九類陳而行之，常道所以得次敘也。言禹第之者，以天神言語，必當簡要，不應曲有次第，丁寧若此，故以爲禹次第之。禹既第之，當有成法可傳，應人盡知之。而武王獨問箕子者，五行志云：『聖人行其道而寶其真』，降及於殷，箕子在父師之位，而典之。周既克殷，以箕子歸周，武王親虛己而問焉，言箕子典其事，故武王特問之，其義或當然也。若然大禹既得九類，常道始有次敘，未有洛書之前，常道所以不亂者，世有澆淳，教有疏密，三皇已前無文亦治，何止無洛書也。但既得九類以後，聖王法而行之、從之則治，違之則亂，故此說常道攸敘攸斁，由洛書耳。」

字，大劉及顧氏以爲龜負也；小劉以爲，『敬用』等，亦禹所第敘，其龜文惟有二十字，並無明據，未知孰是，故兩存焉耳。」〔一〕

詳夫衆賢之論，多背經書之旨。觀其大法，凡九類，蓋以禹敘洛書，因而第之，遂著成法，則是非神龜負書出於大禹之時也，何以明其然，略試論之：箕子曰：「在昔鯀陻洪水，汩陳其五行，帝乃震怒，不畀洪范九疇，彝倫攸斁，鯀則殛死。禹乃嗣興，天乃錫禹洪范九疇，彝倫攸敘」。則不載神龜負圖之事，惟孔氏注稱：「天與禹洛書。神龜負文而出，列於背，有數至九也」。諸儒更演載天書言語、字數之説，後乃迹相祖述〔二〕，遂以禹親受洛書而陳九類。

且經無載圖書之事，惟易繫辭云：「河出圖，洛出書，聖人則之」，此蓋仲尼以作易而云也，則知河圖、洛書出於犧皇之世矣。乃是古者，河出龍圖，洛出龜書，犧皇【闕】

〔一〕案：上文引自尚書正義，因所述與南宋初兩浙東路茶鹽司刻本有差異，故録之於此：「天言簡要，必無次第之數，上傳云：『禹因而第之』，則孔以第是禹之所爲，『初一曰』等二十七字，必是禹加之也。其『敬用』、『農用』等一十八字，大劉及顧氏以爲，龜背先有總三十八字；小劉以爲，『敬用』等亦禹所第敘，其龜文惟有二十字，並無明據，未知孰是，故兩存焉。」

〔二〕「迹相祖述」，通志堂本作「還相祖述」。

畫八卦，因而重之爲六十四卦。【闕】文王作卦辭，周公作爻辭，仲尼輔之十翼，易道始明。觀今龍圖，其位有九，四象八卦皆所包韞；且其圖縱横，皆合天地自然之數，則非後人能假僞而設之也。夫龍圖呈卦，非聖人不能畫之，卦含萬象，非聖人不能明之。以此而觀，則洛出書，非出大禹之時也。書云：「天錫禹九疇」者，蓋是天生聖德於禹，誠明洛書之義，因第而次之，垂範後世也。

今河圖相傳於前代，其數自一至九，包四象八卦之義，而兼五行之數；洛書則惟五行生成之數也。然犧皇但畫卦以垂教，則五行之數未顯，故禹更陳五行而顯九類也。今諸儒以禹受洛書，書載天神言語，陳列字數，實非通論。天何言哉？聖人則之，必不然也。

或曰：「未可。」敢質於經：「且堯任九子，各主其一；九疇之數，九子之職也。至農用八政，司空、司徒之官，唐虞世設之矣；協用五紀，羲氏、和氏已正之矣。斯則非俟禹受洛書之後，設其官也。且夫『天垂象，見吉凶，聖人象之；河出圖，洛出書，聖人則之』。天象則【闕】雖韞其義，非至聖不能明之；【闕】河圖、洛書，非犧皇不能畫之；卦合其象，非文王不能伸之；爻象之興，非周公不能著之。故仲尼曰：『文王既没，文不在兹乎？』又曰：『天生德於予』，則知天生睿哲於聖人，默究乎幽賾，是謂錫之也。故仲虺之誥曰：『天乃錫王勇智，表正萬邦』之謂也。且孔氏以箕子稱『天乃錫禹九疇』，便謂之洛出龜書；則不思聖人云：『河出圖，洛出書』在作易之前也。又唐法九疇，唐虞之前已行之矣，而云禹受洛書之後，始有常道次敘，不曰誣之者乎。」

論下

春秋緯曰：「洛書六篇」，孔氏云：「洛書，神龜負文而出。列於背，有數一至九。」今代之所傳龜書，惟總五行生成之數，未知孰是，略試論之：

春秋緯言「洛書六篇」，則與五行、九疇之數不偶，亦未明其義。孔氏云「洛書有數一至九」，謂書之九疇，自「一五行」至「五福」、「六極」之數也。且書之九疇，惟五行是包天地自然之數，餘八法皆是禹參酌天時、人事，類之耳，則非龜所負之文也。

今詳洪范五行傳，凡言災異，必推五行爲之宗。又若鯀無聖德，汩陳五行，是以彝倫攸斁，則知五行是天垂自然之數，其文負於神龜，餘八法皆大禹引而伸之。猶龍圖止負四象八純之卦，餘重卦六十四，皆宓犧仰觀俯察，象其物宜，伸之以爻象也。況乎五行，包自然之性；八卦，韫自然之象。聖人更爲之變易，各以類分而觀吉凶矣。若今世之所傳者龜書，不爲妄也？

尚或疑焉者，試精之於問答：或問曰：「且云圖書，皆出於犧皇之世，則九疇亦陳於犧皇之代，不當言禹第而次之也。」答曰：「河圖，八卦垂其象也，故可以盡陳其位；洛書，五行含其性也，必以文字分其類。宓犧之世，世質民淳，文字未作，故九疇莫得而傳也，但申其數耳；至大禹，聖人遂演成九類，垂爲世范，九疇自禹而始也」。或問曰：「既云龍圖兼五行，則五行已具於龍圖矣，不應更用龜書也。」答曰：「雖兼五行，有中位而無土數，唯四十有五，是有其象而未著其形也，唯四象八卦之義耳；龜書乃具五行生成之數，五十有五矣。易者包象與器，故聖人資圖書而作之也。」或問曰：「書云：『天乃錫禹，洪范九疇』，必洛書，今臆説破之，無乃【闕】。」答曰：「仲尼稱『河出圖，洛出書』，於宓犧畫易之前，不當云出夏禹之世也。如曰不然，是洛書復出於夏禹之時矣。誠如是，禹之前無九疇也，又何以堯典之九法，坦然明白乎哉？」問曰：「今書世之傳者龍圖、龜書，經所不載。緯候之書，蔑聞其義，誠誕説也。」曰：「龍圖、龜書雖不載之於經，亦前賢迭相傳授也。然而數與象合，位將卦偶，不盈不縮，符於自然，非人智所能設之也。況乎古今陰陽之書，靡不宗之，至於通神明之德與天地之理，應如影響，豈曰妄乎！」

遺論九事

太皞氏授龍馬負圖第一

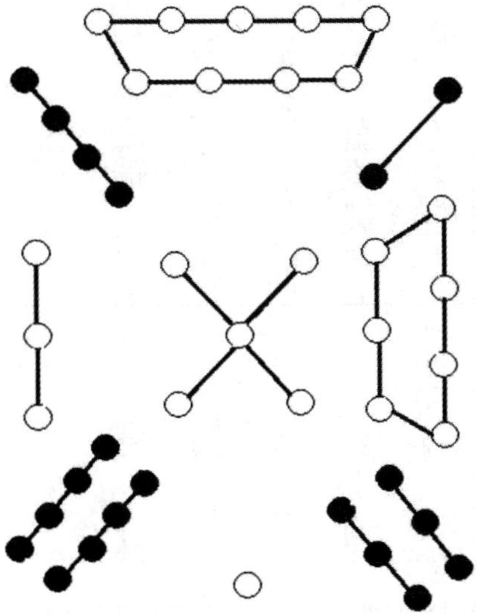

論曰

昔宓犧氏[一]之有天下，感龍馬之瑞，負天地之數，出於河，是謂龍圖者也。戴九，履一；左三，右七；二與四爲肩，六與八爲足，五爲腹心，縱横數之皆十五。蓋易繫所謂「參伍以變，錯綜其數」者也。太皞[二]乃則而象之，遂因四正，定五行之數。以陽氣肇於建子，爲發生之源；陰氣萌於建午，爲肅殺之基；二氣交通，然後變化，所以生萬物焉，殺萬物焉。且天一起坎，地二生離，天三處震，地四居兑，天五由中，此五行之生數也。且孤陰不生，獨陽不發，故子配地六，午配天七，卯配地八，酉配天九，中配地十。既極五行之成數，遂定八卦之象。因而重之，以成六十四卦，盡三百八十四爻[三]，此聖人設卦觀象之粤旨也。且宓犧[四]相去文王逾幾萬祀，當乎即位，乃紂之九年也。作易者其有憂患，文王乎？

[一]「宓犧」，通志堂本作「虙犧」。
[二]「太皞」，通志堂本作「大皞」。
[三]「盡三百八十四爻」，通志堂本作「三百八十四爻」。
[四]「宓犧」，通志堂本作「虙犧」。

文王既没，五百餘歲方生孔子。孔子生而贊易道，且曰：「河出圖，洛出書，聖人則之」。是知龍馬之瑞，非宓犧[二]不能昭格；河圖之數，非夫子不能衍暢。原夫錯綜之數，上極二儀，中括萬物，天人之變，鬼神之奧，於是乎盡在。敢有非其圖者，如聖人之辭何？

重六十四卦推盪訣第二

聖人觀象畫卦，蓋按[三]龍圖錯綜之數也。仰觀天而俯察地，近取身而遠類物，六畫之象既立，三才之道斯備，所以極四營之變，成萬物之數者也。

原夫八卦之宗，起於四象。四象者，五行之成數也。水數六，除三畫爲坎，餘三畫布於亥上，成乾；金數九，除三畫爲兑，餘六畫布于未上，成坤；火數七，除三畫爲離，餘四畫布于巳上，成巽；木數八，除三畫爲震，餘五畫布于寅上，成艮。此所謂四象生八

[二]「宓犧」，通志堂本作「虙犧」。
[三]「按」，通志堂本作「案」。

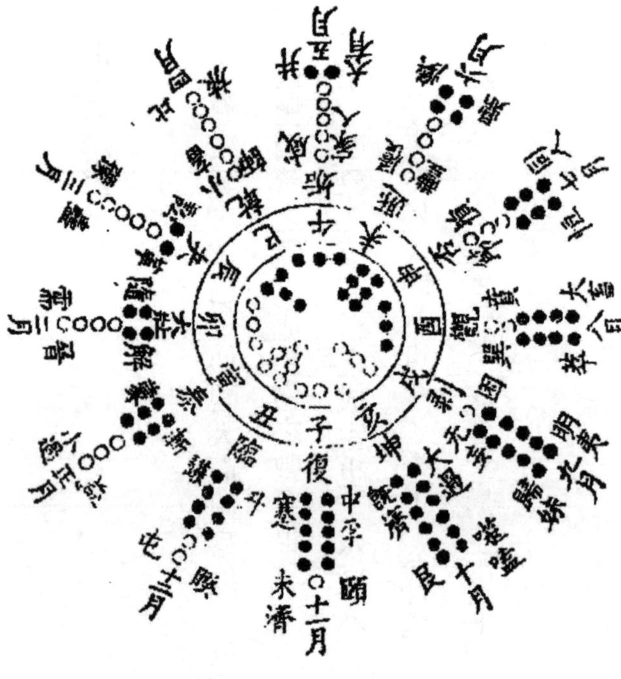

卦也。且五行特舉金、木、水、火，而不言土者，各王四時也。然聖人無中得象，象外生意，於是乎布畫而成卦，營策以重爻。乾之數二百一十有六，坤之數百四十有四，凡三百有六十，當期之日。二篇之策，萬有一千五百二十，當萬物之數也。

大矣哉！陽之七、九，陰之六、八，皆天地自然之數，非人智所能造也。宓犧氏〔二〕雖生蘊神智，亦代天行工而已。

大衍之數五十第三

天七地二合生火

地四天九合生金　天五地十合生土　天三地八合生木

天一地六合生水

〔二〕「宓犧」，通志堂本作「虙犧」。

「大衍之數五十，其用四十有九。」五十者，蓍之神用也。〔一〕顯陰陽之數，定乾坤之策，成六十四卦，三百八十四爻也。四十九者，虚天一而不用，象乎太極，而神功不測也。五十五者，天地之極數，所以「成變化而行鬼神」也。然則大衍之數，先哲之論多矣。馬季長、鄭康成之徒，各存一説義亦昭然。謹案繫辭曰：天數五，五奇也；地數五，五耦也。五位相得而各有合，以成金、木、水、火、土也。天數，一、三、五、七、九也；地數，二、四、六、八、十也，此乃五十五之數也。〔二〕

夫言五位者，奇耦之位也。有合者，陰陽相合也。既陰陽相合而生五行，則必於五位之中【闕】所主矣。至如天一與地六合而生水，合之者【闕】，生之者子也。言于父母數中，虚一爲水，以【闕】之用，亦猶大衍之虚也。夫如是，則地二、天七；天三、地八；地四、天九；天五、地十，合生之際，須各【闕】金、土，而備五行之數者也。

〔一〕案：「『大衍之數五十，其用四十有九』。五十者，蓍之神用也」，通志堂本作：「『大衍之數五十，其用四十有九』者，蓍之神用也」。

〔二〕案：上文称引自繫辭，而與宋刻遞修本差異較大，故録原文於此：「天數五，地數五，五位相得而各有合，天數二十有五，地數三十，凡天地之數五十有五，此所以成變化而行鬼神也」。

然每位虛一，非【闕】也，蓋五位，父母密藏五子之用，而欲成就變化，宣行鬼神者也。五行既能佐佑天地，生成萬物，是陰陽不可得而測也。況於人乎。故曰：密藏五子之用也。如云不然，則五行之數，自何而生哉？生萬物者，木、火之數也。成萬物者，金、水之數也。土無正位，寄王四季，可知矣。聖人云：「精氣爲物，遊魂爲變」，此之謂也。況天地奇耦配合，而生五行。雖覩合之之道，而不究生之之理，則五子何得從而著之哉？是以五位虛五，以成五行藏用之道，則大衍五十，斷可明矣。

八卦變六十四卦第四

四營成易，十有八變而成卦；八卦而【闕】小成，引而伸之，以成六十四卦。三才之道，萬物之源；陰陽之數，鬼神之粵，不能逃其情狀矣。然八八之變，槩舉則文繁。是故摽乾爲首，以例餘卦。䷀乾爲天。䷫天風姤，䷠天山遯，䷋天地否，䷓風地觀，䷖山地剝，䷢火地晉，䷍火天大有，兹七卦由乾而出也。易曰：「遊魂爲變」，凡變之第七，遊

魂也；第八歸魂也。言歸魂者，歸始生卦之體也，餘皆倣此。

辨陰陽卦第五

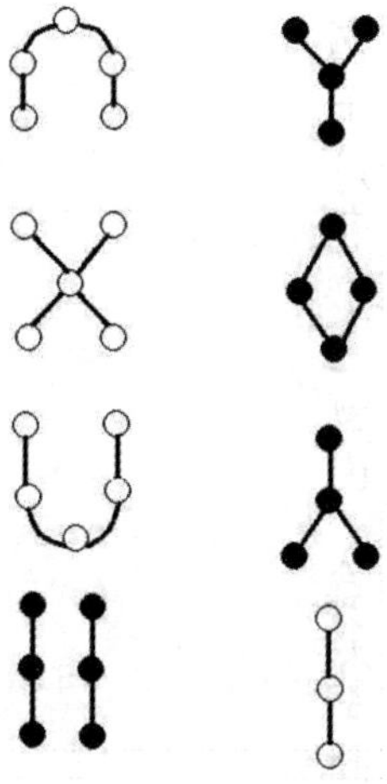

乾，天也，故稱乎父；巽、離、兑三女，由乾而索也。坤，地也，故稱乎母；震、坎、艮三男，自坤而生也。陽卦多陰，陽一君而二民，震、坎、艮，陽卦也；陰卦多陽，陰二君而一民，巽、離、兑，陰卦也。陽一畫爲君，二畫爲民，其理順，故曰：君子之道也。陰二畫爲君，一畫爲民，其理逆，故曰：小人之道也。

復見天地之心第六

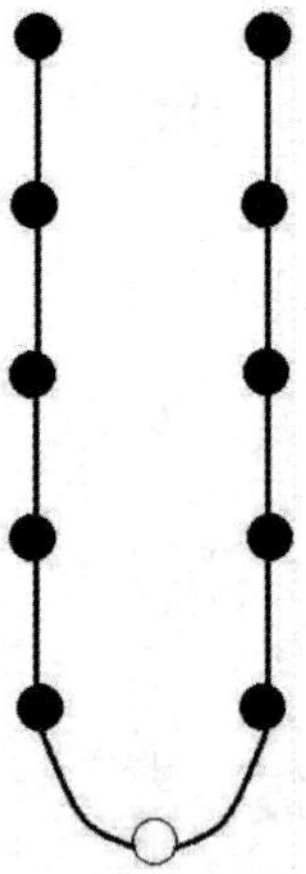

論上

按宓犧[一]龍圖，亥上見六，乃十月老陰之位也，陰氣至此方極。六者，陰數也。且乾、坤，爲陰、陽造化之主，七日來復，不離乾、坤二卦之體。乾之陽，九也；坤之陰，六也。自建子一陽生，至巳，統屬於乾也；自建午一陰生，至亥，統屬於坤也。子午相去，

〔一〕「按宓犧」，通志堂本作「案虙犧」。

隔亥上之六，則六日也。六乃老陰之數，至於少陽來復，則七日之象，明矣。然則「一陰一陽之謂道」，十月陰氣雖極，陽氣亦居其下，故荔挺出；四月純陽用事，陰氣亦伏其下，故靡草死。穎達云：十月亥位，三十日聖人不欲言。一月來復，但舉一卦配定六日七分者，非也。何以明之？且既濟䷾：六二云：「婦喪其茀，勿逐，七日得」。解微云：「七日變成復」。所以寄言七日也。又陸子云：「凡陰陽往復，常在七日」，以此質之，義可見矣。若夫建子之月，天輪左動，地軸右轉，一氣交感，生於萬物。明年冬至，各反其本，本者心也。以二氣言之，則是陽進而陰退也。夏至，陰氣復於巳；冬至，陽氣復於亥，故謂之反本。

論下

易曰：「雷在地中」，動息也。復見天地心，反本也。天地養萬物，以靜爲心，不爲而物自爲，不生而物自生，寂然不動，此乾、坤之心也。然則易者，易也；剛柔相易，運行而不殆也。陽爲之主焉，陰進則陽減，陽復則陰剥；晝復則夜往，夜至則晝復，無時而不易也。

聖人以是，觀其變化也、生殺也。往而復之，復之無差焉。故或謂陽復爲天地之心者也。然天地之心，與物而見也，將求之而不可得也。子曰：「天下何思何慮，天下殊塗而同歸，一致而百慮」，聖人之無心，與天地一者也。以物爲之心也，何已心之往哉。故有以求之，不至矣；無以求之，亦不至矣。是以大聖人，無而有之，行乎其中矣。

卦終未濟第七

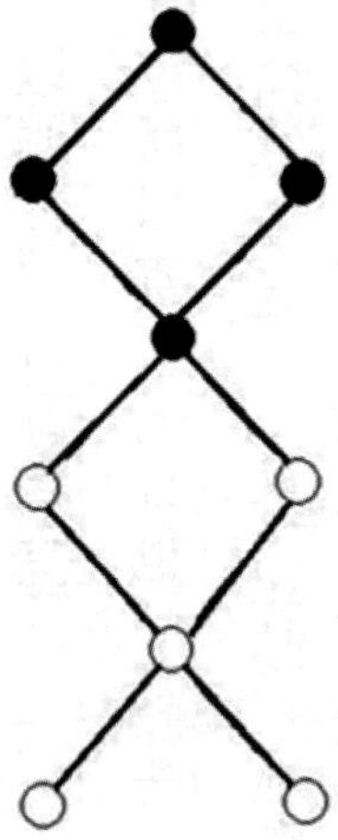

易分上下二篇。按乾鑿度：「孔子曰：陽三、陰四，位之正也。故八八之卦，析爲上下，象陰陽也。陽純而奇，故上篇三十；陰不純而雜，故下篇三十四。上經首之以乾、坤，造化之本，萬彙之宗也；係之以坎、離，日、月之象，麗天出地而能終始萬物也。下經先之以咸、恒，男女之始，夫婦之道，能奉承宗廟，爲天地主也；終之以既濟、未濟，顯盛衰之戒，正君臣之義，明乎辨慎，而全王道也。」〔二〕

是以既濟九三、九五，失上下之節，戒小人之勿用也；未濟九四、六五，得君臣之道，有君子之光者也。大哉！聖人之教也，既濟則思未濟之患，在未濟則明慎居安，以俟乎時。所以，未濟之始，承既濟之終；既濟之終，已濡其首，未濟之始，尾必濡矣。首尾相需，終始迭變，循環不息，與二儀並。噫！既濟而盈，可無懼乎。

九四：「震用伐鬼方，三年有賞於大國」。陸子曰：三年者，陽開之數也。夫易之道，以年統月，以歲統日，以月統旬，以日統時。故凡言日者，以一冊當一時；言年者，

〔二〕案：上文称引自乾凿度，而與清武英殿聚珍版叢書本差異較大，故録原文於此：「孔子曰：陽三陰四，位之正也。故易卦六十四，分而爲上下，象陰陽也。夫陽道純而奇，故上篇三十，所以象陽也。陰道不純而偶，故下篇三十四，所以法陰也。乾、坤者，陰陽之根本，萬物之祖宗也。爲上篇始者，尊之也。離爲日，坎爲月，日月之道，陰陽之經，所以終始萬物，故以坎離爲終。咸、恒者，男女之始，夫婦之道也。人道之興，必由夫婦，所以奉承祖宗，爲天地主也。故爲下篇始者，貴之也。既濟、未濟爲最終者，所以明戒慎，而存王道。」

以一册當一月，故三日、三年皆九之一册也。七日者，一、九、二、六之册。旬與十年者，九、六、七、八之册也。月有朔虚，歲有閏盈，故言月者，合七、八之册而半之，以象一朔之旬。言歲，舉九、六之爻而全之，以象一閏之日。三旬爲一朔，八月之旬，當極陰之册，二十有四；三歲爲一閏，一閏之日，當二篇之爻，三百八十有四。故三百六十册，當期之日，虚分包矣；三百八十四爻，當閏之日，盈分萃矣。此乃聖人之微，非迂而辨之，曲而暢之也。不然何陰陽奇耦？自然與天地潛契哉。〔一〕

蓍數揲法第八

「大衍之數五十，其用四十有九」，蓋虚一而不用也。不用而用以之通，非數而數以之成也。故將四十九蓍，兩手圍之，猶混沌未分之際也。「分而爲二，以象兩」，爲將蓍分於

〔一〕「潛」，通志堂本作「潜」。

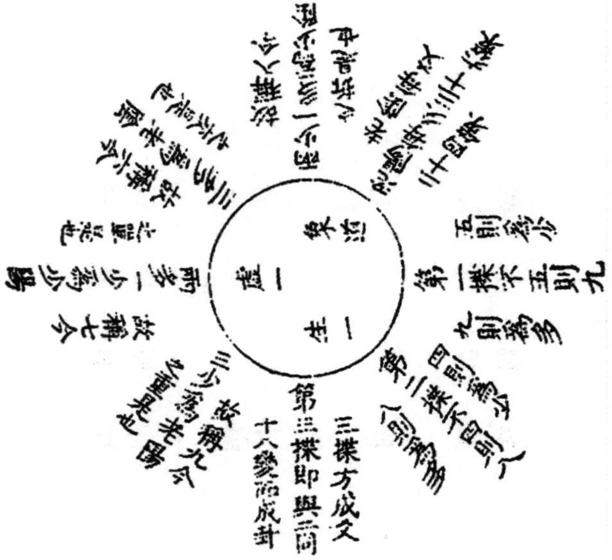

左右手中，以象天地也。「掛一以象三」，爲於左手取一，存於小指中，象三才也。「揲之以四，以象四時」，爲先將左手中蓍，四四數之也。「歸奇於扐，以象閏」，爲四四之餘者，合於掛一處也。「五歲再閏，故再扐而後掛」者，爲將右手蓍，復四四數之，餘者亦合於掛一處。故曰「後掛」也。如此，一揲之，不五則九；二三揲之，不四則八；盡其三揲，一爻成矣，十有八變，一卦成矣。

陰陽律呂圖第九

仲呂	蕤賓	林鐘	夷則
姑洗			南呂
夾鐘			无射
太簇	大呂	黃鐘	應鐘

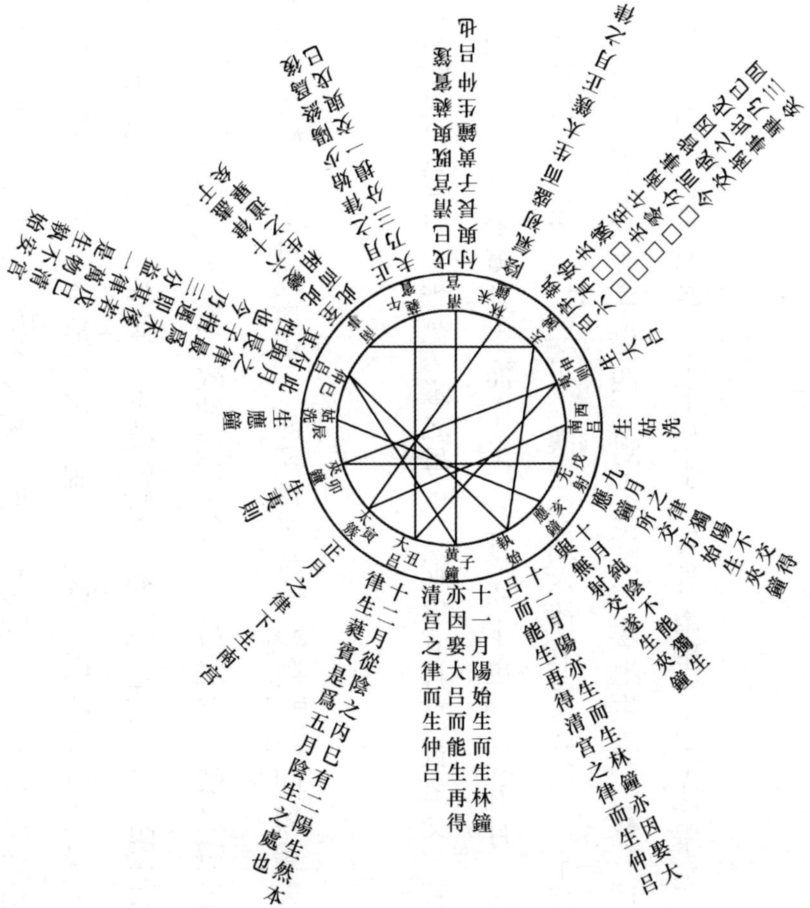
十一月陽始生而生林鐘
亦因娶大呂而能生再得
清宮之律而生仲呂
十一月陽亦生而生林鐘亦因娶大
呂而能生再得清宮之律而生仲呂
十二月從陰之內已有二陽生然本
律生蕤賓是爲五月陰生之處也
生姑洗
生應鐘
生夷則

昔黃帝使伶倫，自大夏之西，崑崙之東，取嶰谷之竹，以其竅厚而均者，斷兩節，之間而吹之，爲黃鐘、清宮之管。管最長者，制十二筩，以聽鳳凰之鳴。其雄鳴六，雌鳴六，自清宮皆可以生之，是黃鐘爲律，本故乾䷀之初九，律之首，陽之變也。因而六之，以九爲法，得林鐘以六乘黃鐘之九，得五十四也。。大呂，故坤䷁之初六，呂之首，陰之變也。皆參天兩地之法也。九六、陰陽、夫婦，子母之道也。異類爲子母，謂黃鐘生林鐘，須得大呂而生。同類爲夫婦，謂大呂須嫁於黃鐘，是爲夫婦而能生六月。蓋天地之情也。

且夫陽氣，始歸戊巳清宮，是其黃鐘之母也。纔得五月蕤賓之交，其律已付長子，候冬至而用也。黃鐘自十一月陽氣始生而用事，是爲律本也；然五月一陰生，後得清宮，還付而收之，方生仲呂耳。按〔一〕晉書云：漢京房知六律五音之數。六十律相生之法，以上生下，皆三生二；以下生上，皆三生四。陽下生陰，陰上生陽，終於仲呂，而十二管畢矣。仲呂上生執始，執始下生去滅，上下相生，終於南事，六十律畢矣。夫十二律之變，

〔一〕「按」，通志堂本作「案」。

至於六十，猶八卦之爲六十四也。

陽下生陰陰上生陽法

黃鐘娶大呂，生林鐘；太簇娶仲呂，生南呂；林鐘妃蕤賓，生太簇；南呂妃夷則，生姑洗；無射交應鐘，生夾鐘；夾鐘妃太簇，生夷則；夷則娶南呂，生大呂；大呂生蕤賓；蕤賓交與戊巳清宮，清宮卻付長子也。

黃鐘九寸，律之本也。三分損一，下生林鐘互相生。至五月蕤賓，交戊巳卻付，黃鐘遂生清宮。最長之管一尺三寸三分，損九寸〔二〕，餘三寸三分，生仲呂。大呂三寸七分。乃三分益一，上生蕤賓。太簇八寸。遂三分損一，下生南呂夾鐘四寸二分。乃三分益一，上生夷則。姑洗七寸一分。乃三分損一，下生應鐘。仲呂交，得夫太簇。管長三寸三分，乃三分益一，生執始。蕤賓四寸九分，始作少陽，終爲後夫，乃三分損一，交與戊巳清宮。林鐘六寸。乃三分益一，下生太簇。夷則五寸六分。乃三分損一，上生大呂。南呂五寸三分。乃三分益一，下生姑洗。无射交，得妻應。鐘管長六寸三分，三分損一，生夾鐘。應鐘四寸七分。乃三分益一，交與夫无射，爲首唱。執始在黃鐘部下，仲呂〔三〕之上生也。今卻下生，去滅在林鐘之下，不敢不交與南事，至此而周畢矣。南事。生蕤賓之傍。

〔二〕「損九寸」，通志堂本作「乃三分損九寸」。

〔三〕「仲呂」，通志堂本作「中呂」。

刪定易圖

〔宋〕李覯 著

本書點校説明

本次校點，摘取了李覯文集中的删定易圖。删定易圖底本用四部叢刊影印明成化左贊刻本，以明正德孫甫刻本、萬曆孟慶緒刻本、清光緒謝甘棠刻本參校。

在整理中，凡有改動的地方均出説明。至於「觧」「盖」「增」之類的異體字，在不影響文義的情况下，徑改爲通用字形。本書引用他書文字，凡屬原文，均加引號，摘引或復述大意，不用引號。

鑒於本人學識有限，整理校點難免有錯誤和不妥之處，希望讀者多加批評指正。

劉嚴

二〇一八年七月

刪定易圖序論

覯嘗著易論十三篇，援輔嗣之注以解義，蓋急乎天下國家之用，毫析幽微，所未暇也。世有治易根於劉牧者，其說日不同。因購牧所爲易圖五十五，首觀之則甚複重，假令其說之善，猶不出乎河圖、洛書、八卦三者之内，彼五十二皆疣贅也。而況力穿鑿以從傀異，考之破碎，鮮可信用。大懼詿誤學子，壞隳世教，乃删其圖，而存之者三焉：所謂河圖也、洛書也、八卦也。於其序解之中，撮舉而是正之。諸所觸類，亦復詳說，成六論，庶乎人事脩而王道明也。其小得失，不足喜慍者，不盡糾割。别有一本，黄黎獻爲之序者，頗增多誕謾，自鄶以下，可無譏焉。牧又注易，所以爲新意者，合牽象數而已，其餘則攘輔嗣之指而改其辭，將不攻自破矣。先代諸儒，各自爲家，好同惡異，有甚寇讎，吾豈斯人之徒哉？憂傷後學，不得已焉耳。

河圖

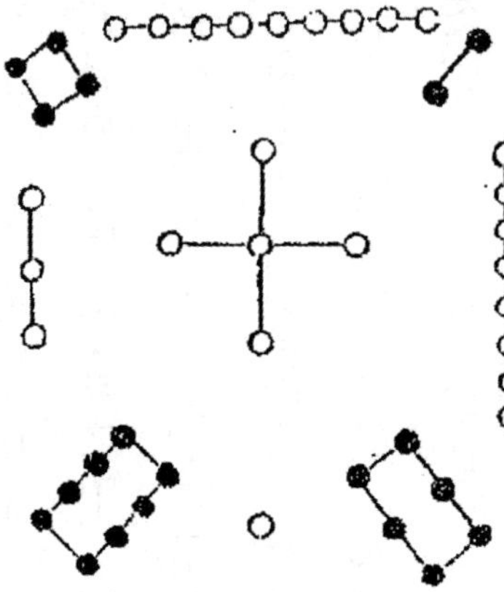

洛書

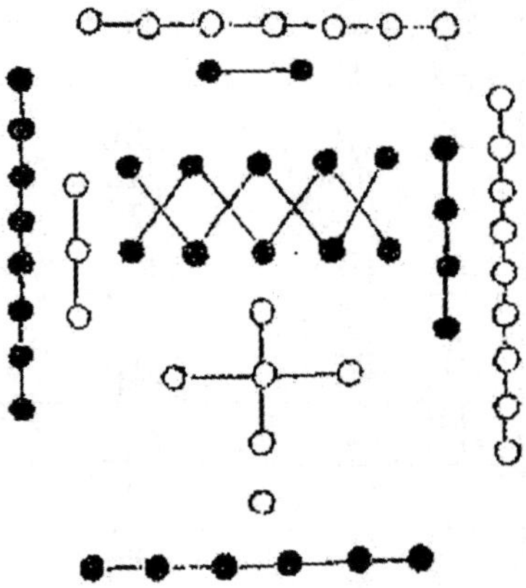

八卦

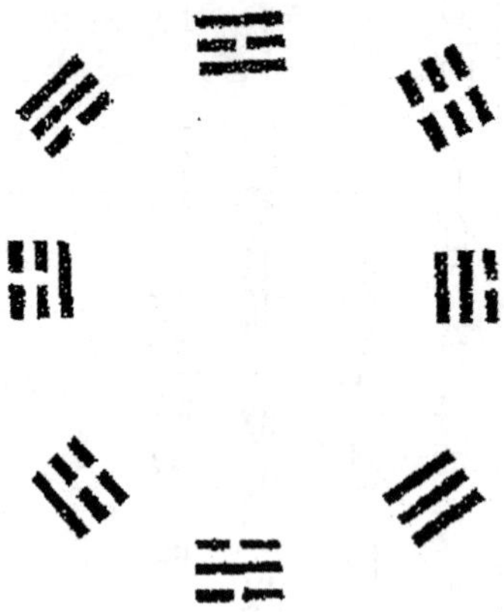

論一

或問：「劉氏之説，河圖、洛書同出于伏羲之世，何如？」

曰：「信也。繫辭稱：『河出圖，洛出書，聖人則之。』其指在作易也，則不待禹而得之，明矣。」

「其所圖者信乎？」

曰：「洛書五十有五，協於繫辭天地之數；河圖四十有五，雖於易無文，然其數與其位，灼有條理，不可移易，非妄也。惜乎劉氏之辯，則過矣！」

或曰：「敢問河圖之數與位，其條理何如？」

曰：「一、三、五、七、九，奇數，陽也。非中央則四正矣，坎、離、震、兑之位也。二、四、六、八，耦數，陰也。不得其正而得四隅矣。乾、坤、艮、巽之位也。乾、坎、艮、震，陽卦位也，則左旋；兑、坤、離、巽，陰卦位也，則右轉。奇則先左而後右，耦則先右而後左。坎一、震三也；兑七、離九也；坤二、巽四也；乾六、艮八也。抑又縱横數之，皆得十五，此非灼有條理不可移易者乎？」

或曰：「劉氏之辯，其過焉在？」

曰：「劉氏以河洛圖書合而爲一。但以河圖無十，而謂水、火、木、金，不得土數，未能成形，乃謂之象；至于洛書有十，水、火、木、金，附於土而成形矣，則謂之形，以此爲異耳。其言四象生八卦，則取河圖之七、八、九、六，以其有象字，不可用洛書之形故也。其下文又引水六、金九、火七、木八而生八卦，於此則通取洛書之形矣。噫！何其自相違也。矧曰：『天五居中而主乎變化，上駕天一而生地六，下駕地二而生天七，左駕天三而生地八，右駕地四而生天九』者，不亦惑乎？夫所謂生者，言乎其始也。苟河圖之象生八卦，則洛書之形又生八卦者，何也？若以聖人既取河圖之數以畫卦，而洛書之數止爲揲蓍。則其論云：『在河圖則老陽、老陰、少陽、少陰之數』。此又已言揲蓍矣。反覆不通，故曰自相違也。

夫天一至地十，乃天地之氣降出之次第耳。謂之五者，非有五物；謂之十者，非有十枚；而曰五十有五者，蓋聖人假其積數以起筭法，非實數也。如人兄弟行下浪反。第一至第十者，乃十人耳，焉可謂有五十五人哉？厥初太極之分，天以陽高於上，地以陰卑於下，天地之氣各亢所處，則五行萬物何從而生？故初一則天氣降於正北，次二則地氣出於西南，次三則天氣降於正東，次四則地氣出於東南，次五則天氣降於中央，次六則地氣出於西北，次七則天氣降於正西，次八則地氣出於東北，次九則天氣降於正南。天氣雖降，地氣雖出，而猶各居一位，未之會合，亦未能生五行矣。譬諸男未冠，女未笄，昏姻之禮未成，則何孕育之有哉？況中央八方，九位既足，而地十未出焉，天地之氣誠不備也。由是一與六合于北而生水；二與七合于南而生火；三與八合于東而生木；四與九合于西而生金；加之地十以合五于中而生土，五行生而萬物從之矣。二四易位而一、三、五如其初者，當所王之方也。

夫物以陰陽二氣之會，而後有象，象而後有形。象者，胚胎是也；形者，耳、目、鼻、口、手、足是也。河圖之數，二氣未會，而劉氏謂之象，悖矣！若夫洛書之數，五位既合，則五行有象且有形矣。象與形，相因之物也，其一、二、三、四、五爲生數，六、七、八、九、十爲成數者，徒以先後分之耳。其實二者合而後能生，生則成矣。蓋非一生之待六而後成也。假令河圖是象，洛書是形，則取洛書而爲八卦者，亦非酌水、燃火、伐木、鍛金而成之也，直取其象耳。以法象而言之，不亦可乎？何其固執形象之象也。

其曰天五駕一、二、三、四，而生六、七、八、九者，愈乖遠矣。且陰陽會合而後能生，今以天五駕天一、天三，乃是二陽相合，安能生六、生八哉？天降陽，地出陰，陰陽合而生五行，此理甚明白，豈有陽與陽合而生陰哉？况所謂五者，乃次第當五，非有五物也。其一與六合之類，皆隔五者，蓋以一、二、三、四、五，主五方；而六、七、八、九、十合之，周而復始，必然之數，非有取於天五也。其不用五奇主五方，而五耦合之者，陽方則奇爲之主，而耦與之合；陰方則耦爲之主，而奇與之合，又昭昭矣！

至如劉氏所圖，太極生兩儀：一、二、三、四，其解曰：『畫天左旋，畫地右動』。今按：其畫天一在坎，天三在震，誠左旋也；地二在離，地四在兑，亦左旋耳，非右動也。夫所謂左旋者，如斗柄自寅向卯也；右動者，如日月五星，自丑向子也。今以自午向西而爲右動，何哉？若直以東北爲左方，西南爲右方，以分天地之位，則又不可謂之旋且動也。旋動者，進前之意也。設謂陽升陰降，先兑四而後離二，則繫辭所陳，先二而後四，未嘗倒言之也。如是則劉氏之解果繆矣。注易圖易，自謂窮天地之理，而乃未明左旋右動之法，甚哉，其可笑也！」

論二

或曰：「劉氏謂聖人以河圖七、八、九、六而畫八卦，而吾子之意乃取洛書，何也？」

曰：「繫辭稱：『八卦成列，象在其中矣』。謂備天下之象也。河圖之數，二氣未合，品物未生，何所象乎？洛書之數，五行成矣，萬物作矣，於是象金而畫乾、兑；象土而畫坤、艮；象木而畫震、巽；象水而畫坎；象火而畫離。不言五而言四象者，以土分王〔一〕四時，舉四行則土可知矣。又以四行之數而揲蓍，七少陽，八少陰，九老陽，六老陰是也。」

曰：「敢問畫卦皆取洛書矣，其於河圖何所則也？」

〔一〕「王」，光緒本作「旺」。

曰：「則其位也。河圖有八方之位，洛書有五行之象，二者相須而卦成矣。」

曰：「劉氏以爲，六居坎而生乾，謂三爲坎，三爲乾也；九居兑而生坤，謂三爲兑，六爲坤也；七居離而生巽，謂三爲離，四爲巽也；八居震而生艮，謂三爲震，五爲艮也，何如？」

曰：「以位數之，則乾、坤、艮、巽亦三位也；以畫數之，則坎、震亦五畫也，離、兑亦四畫也。何其或以位數，或以畫數，反錯之甚也。況説卦稱：『六畫而成卦，六位而成章』，彼重卦，然畫與位等耳，未常析言之也。苟析言之，則坤六位而十二畫矣，焉得曰『六畫成卦』也？雖繫辭：『陽一君而二民』，蓋取陰耦，以喻人臣代終之義，非可積以爲數也。今謂人有二心者，非可積十人以爲二十心也。且劉氏説天地之數六者，有六物耳，而乃以一爻分爲二畫，以當二物，可乎？歷觀諸卦，以爻爲人，雖陰爻亦一人耳。『帝乙歸妹』，非有兩妹也；『箕子明夷』，非有兩箕子也。然則劉氏畫卦之説，其不可用明矣。

矧聰明叡智，創制立法，固不區區專決於圖書，故曰：『古者包犧氏之王天下也，仰則觀象於天，俯則觀法於地，觀鳥獸之文與地之宜，近取諸身，遠取諸物』，是不專决於圖書，參互而後起之者也。聖人既按河圖有八方，將以八卦位焉；洛書有五行，將以八卦象焉。於是觀陰陽而設奇耦二畫，觀天、地、人而設上、中、下三位。純陽爲乾，取至健也；純陰爲坤，取至順也。一陽處二陰之下，剛不能屈於柔，以動出而爲震；一陰處二陽之下，柔不能犯於剛，以入伏而爲巽。一陽處二陰之中，上下皆弱，罔克相濟，以險難而爲坎；一陰處二陽之中，上下皆强，足以自託，以麗著而爲離。一陽處二陰之上，剛以馭下則止，故爲艮；一陰處二陽之上，柔以撫下則説，故爲兑也。西北盛陰用事，而陽氣盡矣，非至健莫能與之争，故乾位焉。争勝則陽氣起，故坎以一陽而位乎北。坎者，險也。一陽而犯衆陰，誠不爲易，而爲險也。艮者，止也。物芽地中將出而止也，待春之謂也。自此動出乎震，絜齊乎巽。離者，明也。萬物皆盛長，得明而相見也。坤厚以養成之，成而説，故取諸兑也。畫八卦分八方之義，如斯而已也。」

或曰：「説卦稱『勞乎坎』，謂萬物閉藏納受爲勞也。『成言乎艮』，謂萬物之所終也。今吾子之言，似不類者，何也？」

曰：「孔子據物終於地上而言也。覩取諸物始於地下而言也。所以就足先聖之論，使人不疑耳。」

或曰：「劉氏謂三畫象三才，爲不詳繫辭之義，則以乾之三畫爲天之奇數三，一、三、五，皆陽也；坤之三畫爲地之耦數三，六、八、十，皆陰也。獨陽獨陰，無轀三才之道者，何如？」

曰：「劉氏學易，乃不知畫之與位各一事也。畫者，譬諸人也；位者，人所處之地也。三畫雖純陽象天，而三位有天、地、人之别，何害也？上、中、下三位譬如公也、卿、大夫也。奇耦二畫，譬如君子也、小人也。公、卿、大夫皆君子，蓋有之矣；皆小人，亦有之矣。或一君子而二小人，或一小人而二君子，猶行人之止傳舍，何常之有？安可見純天便曰無地位，見純地便曰無天位哉。且其引説卦：『兼三才而兩之，故易六畫而成卦』，以爲六畫包三才，無三畫轀三才之説。噫！何其泥也。三畫象三才矣，重之爲六又象三才，何害也？若三畫之時，乾爲天，坤爲地；六畫之後，亦不免爲天、爲地也。三畫之位則初爲地，二爲人，三爲天；六位則初、二爲地，三、四爲人，五、上爲天，從宜改易，何固執之爲哉。且劉氏論三才，則引說卦六畫，破先儒三畫，以爲不经；及其論奇耦，則用天三奇，地三耦，天地各減其二，不顧繫辭五位有合之說，是經乎？不經也！又其論乾元用九，謂天一、天三、天五，陽數也；坤元用六，謂地二、地四，陰數也。至其下文，以天五散在五行，天一居尊不動，餘有天三、地四，合而成九。天三則乾之三畫，地二、地四則坤之六畫，陽得兼陰，故乾三兼坤六，而乾元用九也。噫！陽不可兼陰乎？則天三何以稱用九。陽果得兼陰乎？則天一、天三、天五當兼地二、地四，何以不稱乾元用十五也？輕先儒九揲六揲之通義，而務求新，不虞錯亂之至此。鄙哉！」

論三

或人敢問：「大衍之數五十，諸儒異論，何如？」

曰：「京房、馬季長、荀爽之釋，吾無取焉耳。至於鄭康成、姚信、董遇，以爲天地之數五十有五，減五而用之，劉氏亦同此説，吾有取焉耳。此章上言大衍之數，下言乾、坤之策，中言天、地之數，非衍之用而何也？然所以減之之意，或謂減五行，或謂減六畫，或謂減天五，蓋未之思矣。夫五行、六畫、天五，減之之可否，不足復詰。吾直謂天地之數，雖五十五，至揲蓍之法，止可用五十，故取其整數而已也。只如期三百六旬有六日，而乾、坤之策三百六十，當期之日，又豈可言無六策以當六日者，别有意也。聖人揲蓍，虚一、分二、掛一、揲四，歸奇再扐，確然有法象，非苟作也。故五十而用四十九，分於兩手，掛其一，則存者四十八，以四揲之，十二揲之數也。左手滿四，右手亦滿四矣。乃扐其八，而謂之多。左手餘一，則右手餘三；左手餘三，則右手餘一；左手餘二，右手亦餘二矣。乃扐其四，而謂之少。三少則扐十二，并掛而十三，其存者三十六，爲老陽；以四計之，則九揲也，故稱九。三多則扐二十四，并掛而二十五，其存者二十四，爲老陰；以四計之，則六揲也，故稱六。一少兩多，則扐二十，并掛而二十一，其存者二十八，爲少陽；以四計之，則七揲也，故稱七。一多兩少，則扐十六，并掛而十七，其存者三十二，爲少陰；以四計之，則八揲也，故稱八。所謂七、八、九、六者，蓋取四象之數也。以是五十之策，不可增損，增一損一，則不可揲之矣。故康伯述輔嗣之旨，曰：『演天地之數，所賴者五十也』。苟謂聖人以五行、天五之故，特減其五，則未知不減之時，如何揲也。

以五十五而虛其一，又掛其一，則兩手五十三。十三，揲之數而餘一也。左手雖得四，右手尚餘一；左手三，則右手二；左手二，則右手三；左手一，則右手四。終無平時，雖童子亦知不可爲也。五十之上，唯五十四可矣。虛一掛一，則兩手五十二，十三揲之數也。然三少，則存者四十三；多則存者二十八；一少兩多，則存者三十二；一多兩少，則存者三十六。乾元當用十，坤元當用七，少陽八而少陰九矣。其下唯四十六，虛一掛一，則兩手四十四，十一揲之數也。然乾元當用八，坤元當用五，少陽六，而少陰七矣。不徒不應四象之數，陽反而耦，陰反而奇矣。吾故謂揲蓍之法，止可用五十，故取其整數而已也。」

或曰：「虛其一者，康伯以爲太極，劉氏以爲天一，何如？」

曰：「究觀繫辭以四十九分而爲二，以象兩，則是虛一在兩儀之前也。下文『太極生兩儀』，則又太極在兩儀之前。太極與虛一相當，則一非太極而何也？且其謂『大衍，後天地之數，則太極不可配虛其一之位』，此又不思之甚矣。作大衍之法，誠在數之後矣。然其所取象，固在數之先。所謂分而爲二，以象兩者也，蓋有兩儀，而後有數也。既可象兩儀於數之先，豈不得配太極於兩儀之上哉！若以一、二、三、四便爲兩儀，則天非一天，地非一地而已也。是知天地者，其體也；一、二、三、四之類，其氣也。苟虛一以象天一之氣，而分四十九以象兩儀之體，則是逸其末而勞其本，於義乖矣。又破康伯之注：『無不可以無明，必因於有』，以謂太極其氣已兆，非無之謂。噫！其氣雖兆，然比天地之有容體可見，則是無也。又稱：『聖人之辭「易有太極」，既言「有」，則非「無」之謂也』。吾以爲天地之先，强名太極，其言『易有太極』，謂有此名曰太極者耳，非謂太極便有形〔二〕也。如老子之言恍忽中有物、有象，不可一見『有』字，便指爲實物實象也。凡此皆巧詆先儒，不自知其罪也。」

〔二〕「形」，正德本、萬曆本、光緒本作「形色」。

論四

或曰：「劉氏謂坎生復卦，離生姤卦，何如？」

曰：「磔裂爻位則巧矣，義則未也。聖人設卦觀象，以陽潛地中，故坎以一陽居二陰之中；陽生陰下，故復以一陽居五陰之下。八卦配八方，則坎當北；十二卦配十二月，則復當建子。復之陽乃坎之陽也。陽則無二，而象之之卦有兩也，何哉？八方與十二月不同也，三畫與六畫不同也。是故陽則無二，而象之之卦有兩也。離與姤亦如之。若謂坎之陽生復之陽，離之陰生姤之陰，則是十一月有兩陽也，五月有兩陰也，固不然矣。且其說以『復卦生于坎中，動於震，交於坤，變二震、二兑、二乾而終』；『姤卦生於離中，消於巽，交於乾，變二巽、二艮、二坤而終』。『自復至坤凡十二卦，主十二月』。噫！以十二月言之，則自復以往，歷臨、泰、大壯、夬，而後至乾。此云二震、二兑，而後二乾者，何也？自姤以往，歷遯、否、觀、剥，而後至坤。此云二巽、二艮，而後二坤者，何也？以八方言之，則自坎以往，歷艮、震，至巽極矣；陽一於子，而六於巳也。此云震、兑、乾者，何也？自離以往，歷坤、兑，至乾極矣；陰一於午，而六於亥也。此云巽、艮、坤者，何也？其意以復、姤生於坎、離，而變初、四；變二、五；變三、上，每爲二卦，則八卦備，謂之巧也宜矣，然義不通也。又以姤、巽承於乾，非四正之卦，乃引歸妹之兑，云：『妹係姊嫁，故兑少女而用巽之長女主其卦』，噫！何僞飾之多也。彼其意欲以兑承於乾則成履，非姤陰生之卦。又不可數變，故引兑於歸妹，假託廣嗣之義，而係巽於姤耳。不徒義理迂恠，以象論之，大可笑也。少女既嫁於震，又係巽而嫁於乾乎？長女既交於乾，又從兑而交於震乎？則是一女而事二夫也，豈不可笑？此所謂僞飾之多也。聖人之意曷至是哉？」

或曰：「劉氏之説『七日來復』，不取易緯『六日七分』，何如？」

曰：「不取宜矣。苟以十二月之卦論之，則剥盡之後，經坤一月，非止七日也。以六日七分言之，則剥盡之後，經艮、既濟、噬嗑、大過、坤、未濟、蹇、頤、中孚九卦，每卦六日七分，乃至于復，非止七日也。然劉氏更以七爲少陽，必經陰六之數盡，至七日少陽乃生，斯又未善也。歷觀衆卦，或言七日，或言三日，或言三年，或言十年，强爲配合，時或可言，參相鈎考，辭則易屈。大抵言日遠者，不過七日。震六二、既濟六二：『勿逐，七日得』，不過七日而得也。『七日來復』，以復不可遠，君子之道，雖消不久，不過七日而復。象曰：『天行也』，蓋言來復之義，是天之行，反覆如此，亦非考案氣候實日而云也。『萬壽無疆』，豈實有『萬』哉？愛而多之之辭也。」

或曰：「臨：『至于八月有凶』，諸儒之論，孰爲得失？」

曰：「何氏云：『建子陽生，至建未，爲八月』當矣。臨二陽、遯二陰，合耦之卦也。劉氏破之，以爲果建子，則辭當在復卦之下，此不明矣。且復卦陽生，其勢微弱，未足矜也；臨卦剛長，强亢之漸，故戒之以遯卦有凶也。推其本而言之，復生爲一月，臨長爲二月，至遯爲八月，不亦可乎？而劉氏固守臨之建丑，數至遯之建未，則七月，以不滿八之故，遂用周正，排建未爲八月。又念文王演卦，在商之末，正朔未改，不可以未爲八月，乃稱周公述而成之，故以周正爲定。且先儒以爲文王作卦辭，周公作爻辭。劉氏既未有以破之，安得謂卦辭亦周公所成，以飾臨卦『八月』用周正之説乎？其下文曰：况乎易有三名，夏曰連山，商曰歸藏，周曰周易，『易既題周以正名，則不得不以周之正朔定其月也。』且周易書名，周公設官，可題周家以别餘代，卦辭豈得擅改？彼禮樂損益，蓋從時之宜。易之爲書，萬世無敝，况文考之手澤，周公改之，何意也？文王若曰：『七月有凶』，有何妨害，而周公故以『八月』定之乎？文王作易之時，便題周字，亦可矣，何必周公也？號國曰周，其來久矣，故曰：『周雖舊邦，其命惟新』，雖紂在上，而題易曰周，以别夏、商，何害也？魯頌次於周頌，亦須周滅而後加『魯』字乎？此類皆閭巷老生訨童耀駭之辨，非天下之公議也。」

論　五

或曰：「易緯以六十卦，主三百六十五日四分日之一，信乎？」

曰：「吾觀於太玄，信矣。」

「所主之日取卦象乎？取卦名乎？」

曰：「取諸卦名而已。太玄，所以準易者也。起於冬至，其首曰中，陽氣潛萌於黄宫，信無不在乎中，謂是時萬物之萌，信無不在地之中，於易則中孚。孚者，信也，亦謂信無不在地之中也。其次曰周，陽氣周神而反乎始。於易則復，復者，反也，亦謂反乎始也。其次曰礥，陽氣微動，動而礥；礥，物之生難也。於易則屯，屯者，物之始生也。粗舉二、三，則知冬至之後，其卦中孚、復、屯者，題號此日之氣候，曰中孚也、曰復也、曰屯也，他皆倣此。但元首八十一，每首四日有半。易卦六十，每卦六日有奇，故前後或參差，蓋大同而小異也。而劉氏以經乾、坤之策三百六十，當期之日，不别起數，謂易緯「六日七分」，義無所出。若是，則劉氏凡言『天五駕天一』之類，亦出於經乎？乾、坤之策，况其數六十卦，况其名不相妨也。又謂『十二卦已主十二月，不可取雜書破經義』。今觀六十卦之次，其十二卦仍在本月，稱爲辟卦，則十二卦既總主一月，又與諸卦分治六日。如侯伯有功德者，既作一州之牧，亦未免爲一國之君也。而劉氏區區以月各有主，日無用卦，是欲立州牧，而廢二百一十君也，其可乎？」

或曰：「敢問元、亨、利、貞，何謂也？」

曰：「大哉乎乾之四德也，而先儒解詁，未能顯闡，是使天道不大明，君子無所法。若夫元以始物，亨以通物，利以宜物，正以幹物，讀易者能言之矣。然所以始之、通之、宜之、幹之，必有其狀。竊嘗論之，曰：始者，其氣也；通者，其形也；宜者，其命也；幹者，其性也。走者得之以胎，飛者得之以卵，百穀草木得之以句萌，此其始也。胎者不殰，卵者不殈，句者以伸，萌者以出，此其通也。人有衣食，獸有山野，蟲、豸有陸，鱗、介有水，此其宜也。堅者可破而不可軟，炎者可滅而不可冷，流者不可使之止，植者不可使之行，此其幹也。乾而不元，則物無以始，故女不孕也。元而不亨，則物無以通，故孕不育也。亨而不利，則物失其宜，故當視而盲、當聽而聾也。利而不正，則物不能幹，故不孝、不忠，爲逆、爲惡也。是故文言曰：『元者，善之長也；亨者，嘉之會也；利者，義之和也；正者，事之幹也。』唯君子爲能法乾之德，而天下治矣。制夫田以飽之，任婦功以煖之，輕稅斂以富之，恤刑罰以生之，此其元也；冠以成之，昏以親之，講學以材之，擯接以交之，此其亨也；四民有業，百官有職，能者居上，否者在下此，其利也；用善不復疑，去惡不復悔，令一出而不反，事一行而不改，此其貞也。是故文言曰：『君子體仁，足以長人；嘉會，足以合禮；利物，足以和義；貞固，足以幹事。君子行此四德者，故曰：乾，元、亨、利、貞。』」

論六

或曰：「敢問五行相生則吉，相克則凶，信乎？」

曰：「相生未必吉，相克未必凶。用之得其宜，則雖相克而吉；用之失其宜，則雖相生而凶。今夫水克於火，則燔燒可救；火克於金，則器械可鑄；金克於木，則宮室可匠；木克於土，則萌芽可出；土克於水，則漂溢可防。是用之得其宜，雖相克而吉也。以水浸木則腐，以木入火則焚，以火加土則焦，以土埋金則鏉，以金投水則沉。是用之失其宜，雖相生而凶也。是以太玄之贊，決在晝夜，當晝，則相克亦吉；當夜，則相生亦凶。玄告曰：『五生不相殄，五克不相逆；不相殄乃能相繼也，不相逆乃能相治也。相繼則父子之道也，相治則君臣之寶也』。今夫父之於子，能食之，弗能教之，則恩害於義也；君之於臣，能賞之，又能刑之，則威克厥愛也。恩害義，則家法亂；威克愛，則國事脩。吾故曰：相生未必吉，相克未必凶也。」

或曰：「吾子之言性命，何其異也？」曰：「吾之言也折諸聖，宜乎其異矣。命者，天之所以使民爲善也；性者，人之所以明於善也。觀其善則見人之性，見其性則知天之命。説卦曰：『昔者聖人之作易也，將以順性命之理，是以立天之道曰陰與陽，立地之道曰柔與剛，立人之道曰仁與義，兼三才而兩之，故易六畫而成卦。』人之有仁義，所以順性命也。董仲舒曰：『天令之謂命，命非聖人不行；質朴之謂性，性非教化不成。』人受命於天，固超然異於群生。入有父子兄弟之親，出有君臣上下之誼，會聚相遇，則有耆老長幼之施，粲然有文以相接，驩然有恩以相愛，此人之所以貴也。生五穀以食之，桑麻以衣之，六畜以養之，服牛、乘馬，圈豹、檻虎，是其得天之靈，貴於物也。然則本乎天謂之命，在乎人謂之性；非聖人則命不行，非教化則性不成。是以，制民之法，足民之用，而命行矣。導民以學，節民以禮，而性成矣。則是聖人爲天之所爲也。繫辭曰：『吉凶者，言乎其失得也；悔吝者，言乎其小疵也；無咎者，善補過也。』由此觀之，吉凶由人，乃易之教也。黄帝、堯、舜通其變，使民不倦，神而化之，使民宜之。是以『自天祐之，吉無不利』。若夫釋人事而責天道，斯孔子所罕言。古之龜筮，雖質諸神明，必參以行事。南蒯將亂，而得『黄裳元吉』；穆姜棄位，而遇『元亨利正』。德之不稱，知其無益。後之儒生，非史非巫，而言稱運命，矯舉經籍，以緣飾邪説，謂：『存亡得丧，一出自然』，其聽之者亦已荒矣。王制曰：『執左道以亂政，殺；假於鬼神、時日、卜筮以疑衆，殺。』爲人上者，必以王制從事，則易道明而君道成矣。」

中外哲學典籍大全·中國哲學典籍卷
已出版書目

《讀禮疑圖》，〔明〕季本著，胡雨章點校。

《王制通論》《王制義按》，程大璋著，吕明烜點校。

《關氏易傳》《易數鈎隱圖》《删定易圖》，劉严點校。

《易説》，〔清〕惠士奇著，陳峴點校。

《易漢學新校注（附易例）》，〔清〕惠棟著，谷繼明校注。

《春秋尊王發微》，〔宋〕孫復著，趙金剛整理。

《春秋師説》，〔元〕黄澤著，〔元〕趙汸編，張立恩點校。

《宋元孝經學五種》，曾海軍點校。

《孝經集傳》，〔明〕黄道周撰，許卉、蔡傑、翟奎鳳點校。

《孝經鄭注疏》《孝經講義》，常達點校。

《孝經鄭氏注箋釋》，曹元弼著，宫志翀點校。

《孝經學》，曹元弼著，宫志翀點校。

《四書辨疑》，〔元〕陳天祥著，光潔點校。

《小心齋劄記》，〔明〕顧憲成著，李可心點校。

《太史公書義法》，孫德謙著，吴天宇點校。

《肇論新疏》，〔元〕文才著，夏德美點校。

更多典籍敬請期待……